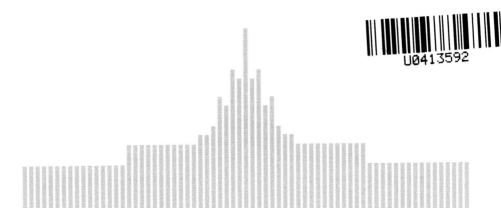

FROM INNOVATION TO STARTUPS

从创新到创业

王飞 著

哈尔滨工业大学出版社

内容简介

体制内科技工作者创业要面对重重困难,要看清形势、看懂规律、看准机会。按照内容有针对性、操作能接地气、立场客观务实的要求,本书对体制内科技工作者创业的基础实务进行了梳理,并提出操作建议。同时介绍了哈工大机器人集团(HRG)"聚天下力、争世界先"的发展理念,通过"创新+创业+产业"联动发展的平台模式,努力打造机器人产业生态圈,希望更多的志同道合者携手前行。

本书为体制内科技工作者创业量身定制,也希望为各级管理者理解创业者提供参考。

图书在版编目(CIP)数据

从创新到创业/王飞著. —哈尔滨:哈尔滨工业大学出版社,2017.12
ISBN 978-7-5603-7160-3

Ⅰ.①从⋯　Ⅱ.①王⋯　Ⅲ.①科学工作者-创业-研究-中国　Ⅳ.①G316　②F249.214

中国版本图书馆 CIP 数据核字(2017)第 303221 号

从创新到创业
CONG CHUANGXIN DAO CHUANGYE

策划编辑	杨明蕾
责任编辑	王晓丹
封面设计	朱　磊　李思璇
出版发行	哈尔滨工业大学出版社
社　　址	哈尔滨市南岗区复华四道街 10 号　邮编 150006
传　　真	0451-86414749
网　　址	http://hitpress.hit.edu.cn
印　　刷	哈尔滨市石桥印务有限公司
开　　本	720mm×1000mm　1/16　印张 17.25　字数 224 千字
版　　次	2017 年 12 月第 1 版　2017 年 12 月第 1 次印刷
书　　号	ISBN 978-7-5603-7160-3
定　　价	49.00 元

(如因印装质量问题影响阅读,我社负责调换)

前言 在路上

笔者从本科期间开始创业至今,在十多年的时间里折腾了不少事,总结起来败多胜少,苦多乐少。但恰恰是因为一直坚持在路上,才有了十四年体制内的创业经历,其中的成败得失、酸甜苦辣,回想起来,历历在目。

当前,创新创业热火朝天,很多昔日深耕科研、不问世事的学者也开始跃跃欲试。然而,从创新到创业可谓一步一个坎,"纸上得来终觉浅,绝知此事要躬行"。大量的经验要通过身体力行才能获得,许多的教训要碰壁以后才会真正理解。我一直认为:在创业这件事上,哪天起步都不晚。但体制内科技工作者创业,不能把学术上的经验简单迁移到创业上。从起步那天开始,甚至要做好以前成就归零的思想准备。院士创业与普通教师创业所面临的困难有类似之处。学术领域积累的经验和资源在创业领域可能用处并不大,且学术思维定式反过来对创业却常常造成制约。看到一些学术上很优秀的创业者,对一些基本商业常识感到困惑,而且特别容易被体制内特有的困难所束缚;同时,市面上很少看到针对体制内科技工作者创业的书籍,为此,笔者产生了一个想法:针对体制内科技工作者创业常见的一些问题,把个人长期积累的实践经验和思考进行梳理并集结成书,希望能为同行者提供一些参考。

本书讨论的创业主要指利用科技成果转化创办企业类型的盈利性组织,面向的读者主要是在大专院校、科研院所等体制内单位中从事科研工作且打算创业的在职人员,包括教授、研究员、研究生和博士后等,书中统称为科技工作者。本书主要结合以技术创新为驱动力的工学领域,如机械、材料、自动化、能源和电气等行业,对以商业模式创新为重要驱动力的互联网、软件等行业创业者,本书的一些观点和方法可供参考。对于各级政府、院校和科研机构负责创新创业的管理部门和管理者,本书的有些内容也可供参考。

有朋友提出,这本书主要是面向创业的一些问题分析、经验总结和对策建议类的零碎知识,关于特定主题或者创业经验的系统介绍较少。在此说明一下,许多特定主题的系统介绍,如关于人资、财务、生产组织、供应链、营销,以及上市、商业模式等内容,都有许多现成的教科书式的资料可供参阅。本书的内容,大多是源自于笔者和朋友们在创业实践中所经历过的实际问题的总结和思考,并非严格意义上的创业教材或商业研究,难免有偏颇或遗漏,请大家多包容。作为一名工科男,我会尽力做到求真务实,而文字上稚嫩之处,也望大家海涵。

考虑到科技工作者见识多,思维缜密且思维模式比较固化,有些人难免挑剔,所以本书动笔的压力很大,但看到许多人确实有需要,又觉得自己应该做点什么,所以本书动笔的动力同样很大:万一对大家有一些用呢?为了减轻压力,下笔前给自己定了三个要求:一是内容有针对性;二是操作上接地气;三是立场上尽量客观。所以,像微信朋友圈里经常看到的鸡汤鸡血那样的文风确实没有,因为笔者认为创业这件事情太过复杂,充满风险。创业并不是一场说走就走的旅行,不是喝碗鸡汤打管鸡血就可以解决的问题。一旦选择创业就要下定决心,因为开弓没有回头箭;但要做好准备,因为成功一定有办法。很多必然隐藏在偶然背后,很多偶然也潜伏在必然之中,难以一言概之。本书的主旨,希望耐心的读者自己体会。所谓非共鸣不深刻,局外人看来,无非就是几句看起来很有道理、深思又不得其解的文字,而投身创业的读者读完后,特别结合创业路上的实践去体会琢磨,我想一定会于我心有戚戚焉。

尽管注意了书中经验和观点的普适性,但不得不承认,现实中还有很多科技工作者创业成功的案例与书中描述的方法和经验有较大差异,所谓成功很难复制,而这或许也正是创业这件事的迷人之处。

毕竟不是抒情写意的书,为了增强实用性,会特地写一些创业速成的文字,是为了给有一定创业经验,但又碰了几回壁、正处于晕头转向、茫然失措阶段的科技工作者走出迷宫所用,但这并非创业速成班的教材。我从来不信有什么事是可以速成的,速成从来只是人们的良好愿望而已。

完成此书,要向哈工大机器人集团(HRG)的同志们表示感谢,大家的共同理想、共同思考、共同行动促成了这本书的出版,在此表示感谢。按照习惯,排名不分先后:于振中、王洪波、王猛、李建英、李增强、朱磊、乔徽、吴博、张明文、赵亮、宗晓、唐霄汉、管俊、赫英强、蔡德章,还有负责文字资料整理的同志们:李建飞、关世权、姚宗海、王琦、胡鑫宇、韩金雯、魏忠群等。

在此,要特别致谢HRG的名誉董事长、中国科学院院士韩杰才先生,HRG很多的实践和思路来自于韩杰才院士的指导。同时,还要向在我创业道路上一直给予支持、鼓励、指导的领导、师长、朋友、亲人们表示感谢。

愿此书能为心有念想者添上一把火,为已经摸黑出发的朋友们点上一盏灯。

王飞
2017年5月21日于北京

目　录

第一章　要不要创业/1

　　从个体和集体角度，对体制内科技工作者的创业动因进行了分析。在创新创业大形势下，政府、投资界和产业界的积极拉动，更重要的是在科技工作者的内心驱使下，一个新的"创业时代"来临了。

第一节　个体的选择/4

第二节　集体的选择/7

第二章　困难重重/11

　　针对体制内创业者总结了创业过程中常见的几类问题：人的问题、精力不支、缺钱和融资、市场竞争、风险意识等。结合问题分析提出了对策建议和方法思路。

第一节　人的问题/13

第二节　精力不支/22

第三节　缺钱和融资/24

第四节　市场竞争/30

第五节　树立风险意识/33
第六节　其他的困扰/36

第三章　看到希望/41

看清形势、看懂规律、看准机会。从时代机遇、市场需求、政策导向、创业要素等背景出发，分析了行业的发展形势和创业机遇。它山之石，可以攻玉，总结和分析了斯坦福、MIT等创业型大学打造创业生态、推进产学研合作的成功经验。结合国内高校推进成果转化的实践，总结了我国高校创新创业的主要经验和做法。

第一节　时代机遇/44
第二节　它山之石,可以攻玉/57
第三节　国内高校的实践/66

第四章　应知应会:相关法规/75

针对体制内科技工作者创业实际，从实践角度总结企业三法(《公司法》《合伙企业法》《证券法》)、《促进科技成果转化法》、国资管理等相关法规的操作要点，避免因为不了解，或不重视为后期发展埋下隐患。

第一节　企业三法/77
第二节　《促进科技成果转化法》/91
第三节　国资管理/101

第五章　应知应会:基础实务/117

针对体制内科技工作者创业的主要实务和主要问题进行分析，并提出相关对策和建议。内容包括公司注册、财务管理、融资、税费统筹、专利管理、项目推广等主要业务。

第一节　公司注册/119
第二节　财务基础/125
第三节　不同阶段的融资/130
第四节　税务基本常识/134
第五节　专利的申报和价值实现/136
第六节　适度的包装/142

第六章　有没有绝招/145

成功不可复制,但经验可以借鉴。体制内科技工作者创业会面临一些共性问题,同样也会有一些共性的方法,为了少走弯路,既要自力更生,还要善于借力。笔者针对体制内科技工作者创业的常见困难总结出一套操作建议,形象概括为:投靠山、找替身、拜金主、招死士、借品牌、重人性、会低调七个方面,联合起来是一个系统,对某一个方面也可以单独实施。

第一节　投靠山:找一个平台化的机构做背景/147
第二节　找替身:可以肝胆相照、荣辱与共的死党/150
第三节　拜金主:找到适合的投资人/153
第四节　招死士:找到志同道合的合伙人/156
第五节　借品牌:找一个有背景的品牌做信用背书/158
第六节　重人性:优点和弱点同样需要重视/160
第七节　会低调:有所为有所不为/163

第七章　关于上市/167

上市是创业者在融资时普遍面对的问题。本章对创业者关心的主要上市相关事项进行了说明,并针对体制内科技工作者提出了具体实施建议。

第一节　上市的收益和成本/169
第二节　上市的要求和注意事项/173
第三节　上市的几个选择/176
第四节　如何定价/180
第五节　一些值得注意的变化/182
第六节　上市就成功了吗/184

第八章　与管理者共同关注/193

创业应该既有理想又有理性，既有方向又有方法，既有效率又有效益。从创业者角度向管理者进言，涉及制度设计和具体操作，对创业者的创业初衷、政策导向、创业者担心的问题，以及具体操作事项进行梳理。

第一节　关注体制内科技工作者的创业初衷/195
第二节　关注创新创业的导向/198
第三节　关注创业者们担心的问题/201
第四节　关注具体操作/205
第五节　基层管理部门的关注/210

第九章　关于地域文化/215

创业要考虑文化对经济的影响，创业者要学会适应和理解区域文化。笔者结合创业者项目落地的区域选择，分析了主要地区的文化特征，文化对区域经济的影响，文化对政府及其工作人员的经济管理行为的影响。

第一节　文化没有对错，适者生存/218
第二节　珠三角的开放包容文化/219

第三节　长三角的匠心文化/223

第四节　重庆码头和成都茶楼/226

第五节　山东的齐鲁文化/229

第六节　关于东北的民间评说/231

第十章　HRG 的实践与探索/237

以哈尔滨工业大学机器人集团(HRG)为例,介绍了体制内科研团队的创业工作:坚持根植学校和紧密联系市场的特色优势,按照"打通技术逻辑,打通市场逻辑,全面对接资本市场"的要求,围绕机器人领域实施产学研深度融合,围绕"聚天下力、争世界先"的发展理念,通过"创新+创业+产业"联动发展,努力打造机器人产业生态圈的平台业务模式。

第一节　HRG 基本情况/239

第二节　HRG 机器人产业生态圈/245

第三节　HRG 孵化案例/251

结束语　任重道远/259

第一章　要不要创业

第一节　个体的选择
第二节　集体的选择

从个体和集体角度,对体制内科技工作者的创业动因进行了分析。在创新创业大形势下,政府、投资界和产业界的积极拉动,更重要的是在科技工作者的内心驱使下,一个新的"创业时代"来临了。

要不要创业?这个问题在近几年来,成为多数体制内科技工作者共同的思考题。

2014年9月,李克强总理在夏季达沃斯论坛上首次提出了"大众创业、万众创新",此后,各级政府纷纷出台政策措施鼓励创新创业,特别鼓励体制内科技工作者创业。2015年10月1日,修订后的《促进科技成果转化法》加大了奖励力度,2017年3月22日出台《关于支持和鼓励事业单位专业技术人员创新创业的指导意见》,明确保留事业编制三年进行创业,加上其余各类扶持条件的促进,体制内的科技工作者也纷纷开始行动。在2017年10月18日召开的十九大上,习近平总书记在报告中指出:"激发和保护企业家精神,鼓励更多社会主体投身创新创业。"企业家精神正式在党的报告中得到明确。

要不要创业?如果有机会,答案当然是要!这是本书动笔的初衷。理由是国家需要、社会责任、时代机会,这是三个显著的外因。笔者更关注其创业的内因,因为外因往往只是推动事物发生量变,而内因才是事物发生质变的决定条件。

第一节　个体的选择

按照个体在科研机构中所处的地位不同，科技工作者大致可以分为四个层级：一是领军人物，一般是研究团队的创始人，在研究机构内被称为大老板，国外又叫 PI（Principle Investigator），即学术带头人，大多具有教授职称；二是组长，一般是某个细分方向或者细分职能的负责人，有的地方称为小老板，大部分有副教授及以上的职称，在多数情况下是领军人物早期的毕业生；三是项目负责人，一般是刚进入单位的青年科技工作者，也有一些是表现突出的在站博士后或博士研究生，主要负责某个具体课题的研究工作；四是一般技术人员，包括青年科技工作者、博士后、博士生、硕士生，还有一些外聘人员或者非教学科研编制的全职工程技术人员等。

下面结合人员特征，对不同个体的创业动因逐一分析。

第一类是一般技术人员。内因方面：一般技术人员作为科研金字塔的底层，他们常常感觉生活状态不如人意，体制内成长的竞争压力大、生活经济压力大、现实和目标反差大。对现实不满足、对未来不放弃是这类人员选择创业的主要内因。外因方面：主要是伴随近三十多年经济的高速发展，金钱对生活的影响力更为深远，对收入微薄的一线科技工作者形成了精神和物质的双重压力。在重压之下，加上企业和政府营造的外部创业环境日益宽松，多数一般科技工作者内心开始点燃创业的星星之火。另外要注意到：团队的年轻人中存在少数优秀个体，他们既能发表出高水平论文，做出高水平的研究成果，又能跟上学术界的主旋律，在体制内也能获得充分的成长资源，这些人是学术宠儿，他们中的多数会成长为项目负责人、组长甚至领军人物。

第二类称为"学术工蜂"，在一般技术人员和项目负责人中普遍存在。在体制内的科研队伍中，存在一类非学术宠儿的科技工作者，他们吃苦耐劳，技术和工程能力强，每天辛勤地做实验、做仿真、做工程，但是却鲜有高水平论文发表,大多毕业晚、晋升慢。这些人可以称为学术界的"工蜂",作为我国科研体制中的特殊存在,他们本应流动到企业去,却因为特殊的人才分布国情,一直留在并不适合他们的体制内的科研机构。这些人创业的内因同样是出于改善工作和生活现状的强烈愿望,外因则有以下几个方面:一是我国科研机构是学术主导,考核指标不断升级,"学术工蜂"生存和发展的压力越来越大;二是政府、产业平台和社会企业给予科技人才创业的政策和条件越来越优厚;三是市场经济中的创业资本越来越活跃,技术和资本结合的渠道日益完善。总的来看,"学术工蜂"成为体制内科研机构中最直接,也是数量最大的创业项目和创业人才来源。

第三类称为"伪装者",这些人在项目负责人和组长中普遍存在。他们看起来很像学术宠儿,毕业迅速、晋升顺利。他们看起来游刃有余,但是却比学术宠儿多了一个特点:就是特别爱折腾,不安分,所以把这类人称为"伪装者"。"伪装者"们一般能力都很强,也很努力,但"伪装者"与学术宠儿有质的不同,就是他们并不真正喜欢科研工作。科研机构中为什么会有这样的人存在?这大多与我们的教育制度有关。由于文化、制度和舆论对高学历的简单崇拜,使得很多综合能力很强的人在迷惑中一路顺利地读到博士毕业。而当他们拿到博士学位时突然发现,社会留给他们的岗位已经不多了,继续留在科研机构工作便成了主要选择,但是外部一旦出现机会,他们就会行动。"伪装者"是创业项目和创业团队的开创者。"伪装者"的创业内因比较简单:不安分的基因,对当前科研环境的不认可,以及对个人价值实现的不放弃。

第四类可以称为非典型科技工作者,这类人在组长,甚至部分领军人物中存在。这类人在近几年开始出现,他们的创业动因比较强烈。这些人中,一类是技术性和工程化特征非常突出的小团体负责人,他们往往深耕某个技术领域多年,或者是意识到工程技术领域的研究成果最好的出路是产业化,或者是职业发展陷入瓶颈以后谋求转变。另外还有一类人,他们喜欢大而全的发展,希望在学术、行政、产业三桌宴席中都要分得一杯羹,他们喜欢科学家、教育家、企业家并存的身份感。这类人往往投机思想重,忽略了产业这桌席是露天流水席,吃起来并不容易,缺少了体制保护,不但要淋雨,还要与天下英才竞争,要看得准、下手快、不怕烫才行。现实中,此类人创业的结果一般都比较鸡肋,也导致了不少僵尸企业的产生。

最后一类是身处金字塔尖的领军科学家。领军科学家对要不要创业的思考更为理性,因为单从经济角度来说,这些人往往缺乏创业动力。然而在现实中我们看到有大量塔尖的科学家也在考虑创业问题,并且有一些人已经开始行动。深入了解之后笔者发现,他们创业的动因更为复杂:其一是稳定和发展团队,他们看到了团队成员内心中星星点点的创业之火,担心人才流失对团队带来冲击,同时看到了体制内留人变得越来越难,而体制外平台具有人才蓄水池的作用。此外,即便没有致富的需求,设立一个平台型的企业与核心团队的成员形成利益共同体,对于团队稳定也是大有裨益的,特别对规模化的科研团队更是如此。其二是实现进一步发展的需要,把多年积累的成果产业化看成自我价值的进一步实现。他们在功成名就中形成的自信和成名前被长期压制的不安分,以及对科技成果价值实现的愿望,在外部环境的不断冲击和诱导下,创业变得跃跃欲试。其三是形势和政策的推动,管理部门的评价体系和一些政策设计也在引导领军人物参与创业。如一些国家重大科技专项申报就要求课题组联合企业共同申报,管理部门的成果评价增加了成果转化指标等。在领军科学家的视野里,单纯做科研存在战略缺位。受到多方面因素的影响和作用,在学术塔尖上也闪烁着创业的点点星光。

对于体制内科技工作者来讲,尽管游走在不同层次,特点不同,在内因和外因的共同作用下,科技工作者参与创业的星星之火已经开始点燃。在外部创业生态环境日益完善的条件下,各方面的创业之火正逐渐形成燎原之势。科研殿堂的空气里,弥漫着跃跃欲试的味道。

第二节 集体的选择

如果以科研集体为研究对象,体制内的创业动因又有哪些呢?从行政组织角度来看,体制内的科研集体一般分为以下几类:第一类是大型科研单位,主要指国家、部委和各级地方政府设立的、以事业单位为组织形式、以教学和科研为主要任务的机构,包括各类大学、研究院和研究所等,其中归属教育部和地方政府的高等院校和归属中科院系统的研究院所的规模最大,我们把这类机构统一简称为大型科研单位;第二类是大型科研单位的二级单位,一般以学院和研究所的形式存在,有些地方学院和系的概念存在交叉;第三类是大型科研单位的三级单位,一般以系和研究室为主。以上是科研机构中具有明显大集体特征的三种类型的组织。除此以外,更小一点的集体是课题组,或者是近几年纷纷成立的各类技术中心,一般都没有行政特性,由一个负责人总负责,往下一般都是课题组长的学生,或是服从组长管理的其他科技工作者。

体制内的集体创业有以下几种类型:

第一是大型科研单位。大型科研单位的创业动因主要包括以下方面:一是政策动因,在国家"双创"战略和供给侧改革的驱动下,渐渐显露出发展进步的新机会;二是经济动因,追求产业资产增值,特别是资产证券化后的巨大回报;三是顺应形势,内部不可遏制的群体创业愿望推动大型科研单位改革。除此以外,先驱者的榜样示范对大型科研机构集体创业具有较大影响,特别是在东北和中西部地区。近年来,东北和中西部地区的科技人才流失严重,流失单位通常将原因归咎于经济发达地区的高薪挖人,而笔者认为有相当一部分人才流动属于正常流动,只不过大多是正常流出、但缺少正常流入。改变现状不能寄希望于国家救济,更不能给人才流动加栅栏,积极的做法应当是留人而不是拦人。留人需要成本,而解决成本问题的一个可靠渠道是产业回报,用产业回报解决留人成本,既顺应了经济规律,也给予了用人单位自主制定人才政策和控制发展局面的能力。要避免的是:需要的政策要不来,要来的政策用不上,或者有政策不能落实。

第二是学院和研究所。学院和研究所的业务一般相对集中在某几个优势学科或者方向上,是科研单位参与学术竞争的最重要的竞技单元。笔者认为,中国科研机构的运行效率受学科划分的影响十分巨大。我们的学科划分门类全、细分明确,面向的行业、研究方向和培养目标也比较固定。但需要注意的是,经济发展和产业技术早已是多学科融合的状态,市场在资源分配中已经发挥决定性作用了,但科研体系处于计划经济模式。这就带来了一系列问题:我国的科研机构习惯于从上而下找任务、找目标,习惯向国家伸手要资源、要经费;同时,很多学术方向脱离实践,形成封闭式的内部成长,还造成了严重的科研资源供需错配:即一方面各个院所在争夺着非常有限的学科细分下的国家经费,另一方面由于脱离市场,体制外大量的技术需求和人才需求得不到供给。解决办法是和市场接轨,向市场找需求。这样既可以直接鼓励人员向体制外流动,也可以鼓励大家自建产业平台直接面向市场,也就是创业。得到市场认可,改变学科发展脱离实践的现状是学院和研究所创业的主要内因。当然,尽管有创业内因,但是学院和研究所直接作为发起人参与创业的情况较少,主要原因是学院和研究所一般不具备独立法人身份,无法成为发起股东。

第三是课题组。课题组是科研集体中的基础单元,同时也是科研成果的沉淀载体。课题组一般有一位课题组长,他比较集中系统掌握课题组科研成果,也是思考创业问题比较多的主体。需要说明的是,这里笔者是从行政单位的角度观察科研集体,课题组的组长作为最小管理单元的负责人,与之前提到的科研机构中的几类个体存在交叉。这里的课题组长可能覆盖了领军人物、组长、项目负责人,他们往往可以代表课题组,课题组的创业内因就是之前分析的创业个体的内因。课题组作为科研集体中的最小单元,是科研机构最常见的集体创业的团队类型,而课题组长也是大多数集体创业项目中的股东或者实际控制人。

现实中,创业的具体形式是发起设立一个企业。来自科研机构创业项目的股东常见的有三种:一是具有独立法人身份的大型科研单位或可以代表其进行出资的国有独资平台,名字中往往冠有资产经营字样;二是代表课题组持有集体股份的课题组长或者其指定代言人,有时以持股平台的形式出现;三是一些技术人员个体,例如"学术工蜂"们。

无论从个体角度分析,还是从集体角度观察,当前我国的科研机构中都不缺乏创业内因,更不缺乏创业外因,这或许就是当前这股体制内科技工作者创业潮背后的动力。而从笔者的经历来看,体制内创业,做好出发前的准备很重要。但往往是简单的事情容易被忽略,不熟悉的事情也容易想当然,常常为后续发展埋下隐患。为了能让大家尽量少走弯路,后面的章节会针对体制内创业者创业可能遇到的各类问题进行梳理,希望能够为大家提供一些参考。

第二章　困难重重

第一节　人的问题
第二节　精力不支
第三节　缺钱和融资
第四节　市场竞争
第五节　树立风险意识
第六节　其他的困扰

针对体制内创业者总结了创业过程中常见的几类问题：人的问题、精力不支、缺钱和融资、市场竞争、风险意识等。结合问题分析提出了对策建议和方法思路。

创业的道路可谓荆棘丛生，困难重重。媒体愿意更多地宣传各种创业成功者，津津乐道于各种创业成功一夜暴富的神话。大众往往很少关注成功者们所经历过的各种苦难，典型的"只看见贼吃肉，没看到贼挨揍"，更没看到创业路上的失败者是大多数，所谓一将功成万骨枯。绝大多数的创业成功者都属于多次失败者，他们只是坚持到了胜利的到来。

创业者们大多要等到出发以后才会发现，现实中可能遇到的困难远远超出当初的设想，特别是体制内的科技工作者创业，在科研工作中积累的经验和办法大多都不再有效，每天要面对的大多是从前没经历过的新问题。

作为体制内多次创业的实践者，笔者把创业过程中经常遭遇的困难做了梳理，供体制内科技工作者创业时参考。

第一节　人的问题

人的问题是最根本的问题，其核心是创始人，有优秀的创始人创业未必能成功，但缺乏优秀的创始人创业必定会失败。

1. 创业者自己：改变自己是一件很困难的事情

体制内的科技工作者创业，面临的困难首先是改变自己。在能力上，除了运营企业需要的人财物产供销等各项管理技能外，其中最困难的是改变思维习惯：从科技工作者思维转变为创业者思维。

(1)自我认知的调整：从科技专家到创业菜鸟的角色转换。

科技工作者在创业初期，对很多关于企业的问题都是第一次接触，人财物产供销、工商、税务、财务、法务，还有投融资、各种商业谈判、往来应酬等，其工作环境、工作内容、工作方式都大为不同。特别是对一些初涉创业的体制内大牌专家来讲，他们在技术领域取得了重大成功，很受尊重，充满自信，但在创业初期对企业经营常常感到被动和无所适从。现实中经常看到的是，多数的科技工作者特别是大牌科学家创业后，愿意把精力集中在自己擅长的技术问题上，对于营销、财务、投融资等企业管理的基础业务不感兴趣，有些甚至对生产组织都缺乏热情。

专家特别是大牌专家创业，周围的人包括自己对创业的期望值都很高。从科技专家到创业菜鸟的角色转换，形成巨大的心理落差，这种身份角色的强烈反差和转换过程是对创业者的磨炼。创业者必须要放下身段，忘掉身份，把自己定位为一个新兵，真正深入各类业务现场，才能在实战中快速成长。

(2)思维方式的调整：从问题导向到市场导向的思维习惯转换。

从事科研和运营企业存在一个显著区别：科研以解决科学问题为导向，而企业则以市场需求为导向。导向不同造成了科研机构和企业之间存在以问题为导向和以市场为导向的文化差异，认识到这种差异并及时进行调整，对科技工作者创业至关重要。科研思维缺少成本控制意识，典型问题是缺乏对市场的关注和对利润的重视。所以，一旦选择创业，就要牢记企业要以盈利为目标。

科技工作者习惯以追求技术先进性为目标,其产出成果表现为论文、专利、模型或者样机。而做出一款真正满足市场需要的产品,考虑更多的是满足客户需要,而且还要有竞争优势。科技工作者创业,首先要认识到技术先进不是目标,技术是为市场需求服务的,进而才能实现盈利。所以,技术的先进性要服从满足客户需求条件下的稳定性、可靠性、便捷性,以及成本可控、维护方便等。一位领导在视察高校创业项目后曾经感叹:"老师都介绍半个小时了,还在强调产品技术先进,一直没有讲到市场形势怎么样。"这种思维习惯的改变十分困难,但是非常关键。体制内的创业者要知道自己在哪个赛道上比赛,要理解并遵循这个赛道的规则。

(3)能力结构的调整:从科研管理到企业运营的能力提升。

角色转换和思维习惯转换不是一日之功,需要在实际业务中逐步进行。对许多创业者来讲,是在经历一些困难甚至教训以后,才能够切身体会和深刻理解。从业务开展的需要来讲,首先要进行的是能力结构的调整。许多科技工作者特别是大牌专家一开始并不愿意从事技术以外的工作,既不擅长,也不喜欢,甚至连生产管理都不愿意从事,更不要说原来比较陌生的营销、财务、人资等相关纷繁复杂而且专业化的工作。这里不是说创业者要事必躬亲,但一定要有所了解,能够准确判断并且做出安排。对于创业初期的企业来讲,更多的事情需要创业者深入现场,才能真正了解问题在哪里。

多数体制内科技工作者在创业之初会认为,这些事找一个职业经理人来做就可以了。但在现实中,常常看到的却是各种各样的合作失败,创业者不得不具体参与企业管理的各项业务。总结下来,能够拿得起,才能放得下,企业管理的很多事情,创业者可以不做,但不能不懂。所以,创业者必须要进行一次从头开始的学习,遇到什么问题就学什么知识,按照陶行知的方法"即学即用,即知即传",特别是对于应知应会的基础财务知识和法务知识,有必要多花些时间。关于体制内创业者常见的相关问题,本书结合实战做了总结。

2. 创业者身边的人：创业绝不是一个人在战斗

创业，不该是一个人的战斗，也不能是一个人在战斗。团队很重要，包括合伙人、二把手，以及前期队伍和基层员工。

(1) 合伙人：选择合伙人的条件。

决定创业以后，首先要找到创业合伙人。合伙人指的是共同投资组建企业，并联合参与经营管理的人。体制内的创业者选择合伙人主要有同事、同学、同乡，常见的还有自己的学生或者老师，现实中选择同事作为合伙人创业的案例较多。需要注意一个问题：好同事未必是合适的创业合伙人。科研院所和企业是两个完全不同的环境，选择什么样的人共同创业是要综合权衡利弊的。创业有风险，当风险来临的时候，合伙人是选择积极应对共渡难关，还是选择明哲保身先走为上，对创业企业来讲是至关重要的。

合适的合伙人要具备两个基本条件：一是能力互补。企业经营涉及方方面面，财务、市场、营销、研发，实体公司还包括生产、调试、售后等业务。互补的合伙人可以使团队能力更完整，可以帮助企业快速进入正常运行状态。二是要有共同的价值观，对企业愿景具有高度共识。企业在发展过程中会经历很多之前无法想象的苦难，也会面临很多诱惑，共同的价值观可以让团队的处理标准和思考流程更接近，团队在决策和执行过程中的认同，可以让企业在承受苦难和面对诱惑时保持足够的定力，能守住底线，坚持面向目标。

(2) 最佳拍档：关于二把手的问题。

优秀的领导者需要具有良好的战略布局能力，超前的市场洞察力，以及准确的识人用人能力。当领导者做好顶层设计后，需要一个团队付诸行动，这是执行力的问题。从操作角度讲，在顶层设计和执行方案中间需要一个有效过渡，如果有可能，创业者最好有一个最佳拍档，也就是二把手，能够承担综合、统筹、协调的职能。

二把手要能够吸收和理解领导者的意图,并融会贯通形成穿透一线的执行力,建立一套行之有效的制度、标准、流程,形成有效运行的秩序,并在运行过程中不断完善架构提升效率,带领团队达成目标。优秀的二把手对于企业而言,是至关重要甚至不可或缺的。大家创建企业或者考察一个企业,在观察一把手的同时,还要多留意二把手,也就是灵魂人物的最佳拍档,这种结构有助于创业的成功。

(3)第一批人:事业共同体的骨干成员。

企业的第一批人大多是创始人的追随者,是支持事业共同体的骨干力量。这些人的格局、毅力、创新性、敏锐性、执行力等综合能力非常重要,从他们身上可以看到企业的未来。另外,还有两个很重要的素质:担当和韧性,这两个能力决定了企业的生存和发展。行业不同、环境各异导致成功企业的道路各有不同,但作为企业的第一批人,承载了企业的文化基因,是支持未来事业的基础。

根据企业的业务,还需要配置执行企业基础功能的工作人员,主要包括行政、人资、财务,以及营销、生产、研发。这里要强调人资工作,除了做好人力资源管理,还要做好人力资源发展。对企业来讲,是为企业有效配置人员;对员工来讲,是有效实现职业生涯的成长。创业者要高度重视人资工作,这是专业性、政策性,同时灵活性很强的工作,不要有"差不多就行了"的心态。创业企业常常容易出现人事劳资纠纷,大多是由于一开始不重视,不按规矩办事导致的。

补充阅读:创业企业的员工队伍建设

1. 市场营销人员。 市场营销人员负责对接和拓展市场,把市场订单作为企业各项业务的起点。市场营销人员的主要任务是对接客户、拿到订单,把产品销售给客户,并从客户手中收回资金。优秀的市场营销团队可以为企业快速打开市场,通过市场反馈找到新的发展机会。低效的市场营销团队不仅拿不到订单,不能与技术研发部门有效合作,甚至会延误时机。

2. 财务人员。财务人员负责企业财务管控,除了常规会计记账以外,优秀的财务人员还要负责企业的投融资管理、税务统筹、成本控制、现金流管理,针对合同及协议内容提供财务建议,提高资金利用率,保障企业财务运行稳定。招募一位优秀的财务负责人会起到事半功倍的作用,经费允许的情况下,尽量不要在这个岗位吝啬预算。企业无论研发、生产、销售,还是日常办公、出差,无时无刻不在产生费用。

3. 管理人员。各主要岗位的管理人员是支持企业运营发展的骨架。如果说科研带头人的基本属性是专而精,那么对创业企业管理者的要求便是通而博。对于创业企业来讲,一开始并不具备完整和专业的管理团队。对于创业团队的建设,团队的学习能力是关键,能够面对问题做出快速反应,并通过开展集体学习实现快速成长,以适应工作的发展需要。创业团队要有与事业共同成长的耐心和决心,可以通过复盘的方式,进行反思、总结和提高。

3. 识人与用人:成功创业者的必修课

创业团队骨干成员的来源主要有四类:一是创始人的老熟人,包括同学、同事、校友、亲朋等;二是领导或朋友推荐的人;三是了解到创业项目信息主动请缨的人;四是通过招聘和猎头遴选的人。如何从这四类人中选拔骨干是创业成功的必修课。

(1)从事业出发用好老熟人。

创业初期,有各种想象不到的困难在等着创业者。因此,团队的凝聚力和成员之间的相互信任尤为重要。创始人熟悉和信任的人是优选的创业伙伴,因为创始人没有太多的时间和精力去处理具体问题,而相互熟悉的创业伙伴可以减少磨合过程,会有相互担当的默契。除此以外,初创企业大多不规范,业务变化和发展快,各种摩擦事件多,除了合伙人关系和雇佣关系外,如果能有一些感情关系的支持,对于团队稳定也会有很大帮助。然而事物总有两面性,重用老熟人有利有弊,关键在于创始人能否坚持三条原则:一是给予老熟人的岗位职级与其能力相匹配,甚至能力要显著高于职级;二是在老熟人与其他创业团队成员出现分歧时能做到兼听则明;三是在利益安排上要有先来后到以及按贡献分配的机制和制度。

(2)理智对待投奔者。

在创业过程中,经常会有一些校友或同事慕名而来,也会有一些通过推荐加入项目的人。其中有些人看好创业项目的发展前景,甚至放弃了体制内稳定的工作,这些人大多充满创业激情,且富有才华。对于这类人要充分重视,但要考察他们在原单位的工作情况,一般在激情冷却以后,大多数人的工作习惯是不会轻易改变的,进而有必要了解其原工作状态和离职的真正原因。另外,这类人中有些比较极端,如果能顺利进入状态,则是不可多得的合伙人或骨干,也有不少在遇到一点困难后就走向了对立面,这是需要创始人注意的现象。

(3)要特别注意的人。

体制内科技工作者的工作环境相对简单,转型创业后会突然面对不少从未打过交道的人和事。在此介绍两种要特别注意的人。

一类是掮客。此类人社会关系广泛,但大多没有深交,非常热心地推荐各种人、项目、资金给创始人,然而大部分都是捕风捉影而来,最后无疾而终收场。即使有那么一两件成了,创业者如果不付出让其足够满意的代价,也会很容易陷入各种纠缠,昔日推荐资源就会成为他们要挟的筹码。创业者要注意甄别这类掮客,可在团队内指定专门人员应对,因为掮客也是获得信息来源的重要窗口,但是要认识到掮客的务虚、逐利和难缠的本性,保持好合理的距离。

另一类是"外来和尚"。创业初期,创业者会发现自己缺乏很多知识,特别在企管、公共关系、财务、营销和生产这几个方面,容易陷入一种无助甚至恐惧的心理状态,希望能有拯救者出现。在面对此类专业人才时,常常会对他们产生依赖,并且容易忽视一直陪伴在身边的团队成员,埋下影响团队稳定的隐患。为了事业的发展,必然需要优秀的人才加盟,但是在人才岗位安排和使用上,尽量不要一步到位,留给这类人才熟悉环境、在团队内自然成长的时间和空间,也给自己留够考验和甄别人才的时间,最好不短于半年。另外,人的能力是可以培养的,无论是创业者自身,还是创业团队成员,经过培训和锻炼,多数人也能快速成长为企业里某些领域的专家。强调持续学习、终生学习对于创业团队来讲非常重要。

4. 人的管理方式:要适应企业的发展阶段和业务规模

企业规模不同,其管理方式也大不相同。在 10 到 20 人的小企业中,管理非常直接也更容易实施,总经理可以身兼多职,所以在管理、营销、生产和研发方面,小企业可以灵活调整。但由于企业本身人员构成的限制,在市场拓展、新产品新技术研发、对外合作、大项目承接,以及规范化管理等方面会显得力不从心,造成业务拓展力度不够,对企业运营状态监管也常常出现漏洞。在创业初期的小规模阶段,创业者通过身兼数职来理解市场竞争和提高管理能力,这也是一场重要的修行。

50 到 100 人的中小型企业则需要分工,形成科层和部门,需要协调好部门之间的协作和竞争关系,对企业中高层管理者管理专业性的要求明显提高,如何平衡部门关系、协调各部门间的摩擦,同时又能调动全公司的积极性,需要有"管理的艺术"。

对于 100 人以上甚至人数更多的企业来说,组织部门和层次结构往往更加复杂,组织机构、业务流程需要标准化、规范化,同时也带来了形式化、低效率的问题。部门间的业务协调成为常态,暴露问题较多的往往是生产研发和市场营销之间,并延伸到其他环节。伴随企业人员规模的增长,运营管理成本会快速增加,此时企业的盈利能力成为关键,生产、研发、营销需要高效合作,保证效益能够实现稳定的增长,否则盘子越大反而死得越快。

5. 人不容易管理:理解变化并及时应对

人是创业的第一要素,体制内创业者的初始团队成员,不少是来自体制内的人。体制内的工作常被视为铁饭碗,是个可靠的保障,使得体制内的人普遍有稳定的偏好。在体制内工作时,明确的岗位关系和制度授权可以很好地维护管理者的权威,科研项目负责人可以按家长制分配任务,按进度计划管理,这样可以保证权力的有效行使。但创业企业是一个多变化、有竞争、没保障的组织,从职业经理人到各级职员,均有较强的自由选择能力,人员流动性很强。缺少了体制内层级制度对组织稳定性的维护,缺少了铁饭碗对人心的稳定,创业者需要做好员工激励和人心稳定工作。

体制内的团队关系在科层制和规范文化的作用下,部门和成员之间的业务关系比较明确,团队氛围相对简单融洽。而从体制内走出来以后,曾经的同事关系调整为创业伙伴关系,或者雇佣关系,能否迅速适应这种关系的变化并完成管理方式的改变,对创业者而言是至关重要的。还有一种普遍的情况是师生关系的微妙变化,能否意识到学生在毕业前后显著的心理变化,并做出适时的心态调整也是需要创业的科技工作者必须正视的问题。笔者观察到,那些走出体制成功创业的团队负责人,都能充分理解关系变化并能及时完成团队文化调整,而创业后团队萎缩甚至分解的案例中,大多是由于创始人没有及时适应曾经同事和学生的心态变化,也没有有效及时地对自我心态及关系管理完成调整。

第二节　精力不支

选择创业,开弓没有回头箭,即便是成功一定有方法,但成功还一定有条件。创业者除了要有一颗强大的内心,还要有一个前提条件:创业者要有健康的身体和充沛的精力。现实中许多创业者在疲于奔命、穷于应付、精力不支中走向了失败。

1. 不适应繁杂的业务

科研人员在原科研岗位上从事的工作任务相对明确,节奏比较稳定,所用到的知识集中在某些具体的专业和技术领域。创业后,则会面对很多专业之外的问题,特别是在管理、营销和财务等企业运营的事务工作上。工作性质的变化要求创业者从原有的单线程思维转变为多线程思维,从原来在知识纵深方向发展转变为向更加综合的方向发展,不断学习新知识成为创业者的常态。

同时,从单调的科研工作转向复杂的企业管理,从学术圈转向大社会,创业者的社交活动会在较短的时间内快速增加,开不完的会、喝不完的酒,成为创业者在创业初期的工作常态。适应繁杂的业务,除了能力的提升,更重要的是创业者的心态和思维方式的转变。

2. 得不到家人的理解和支持

前方作战,后院不能起火,得不到家人支持的创业大多不会有好结果。

创业者在工作重压之下,在心力交瘁、身心疲乏的时候,家庭关系也会经常亮起红灯,因为商业活动频繁、长期出差抢占了太多陪伴家人的时间。同时,在创业初期,项目的收益得不到保障,创业者收入水平偏低，特别是对于一些放弃较高待遇选择创业的人，前后收入的反差会形成很大的心理压力，严重者甚至会影响家庭的生活质量。这种情况尤其需要得到家人的理解和支持，需要及时做好必要的沟通。

3. 透支健康

除了应酬以外，创业初期还有一个烦恼就是频繁出差。伴随着业务拓展，范围从区域走向全国甚至全球，异地办公是很多创业公司负责人在创业初期的工作常态。这种经常性、无规律的出差使得创业者的工作时间变得碎片化，事情也会变得千头万绪。更严重的是，长时间的高强度体能透支、不规律生活、巨大的心理压力交织，会对创业者的健康造成很大的危害，导致身体健康水平快速下降，到一定程度甚至会导致创业终止。透支健康已经成为创业群体的普遍现象。

4. 一点经验分享

有效应对创业初期的精力不支问题，是成功创业者必备的创业素质。我们看到很多科技工作者兴冲冲创业，却在焦头烂额中偃旗息鼓。但也有不少创业者快速完成转型，成功处理各方面关系后，带领项目进入了快速发展期。在此，结合笔者的经历和观察到的一些经验，总结出来与大家分享。

首先，要改变事必躬亲的科研工作惯性。现代企业分工明确，创业者不可能也不需要精通每个岗位的业务，应该做的是在重要岗位上委任有能力有品德的人，合理分工，充分授权，做好过程管理和目标管理，并通过评价机制激发员工的主动性，充分发挥每个岗位成员的作用。做好时间管理和精力管理，保障创业者自身精力得到高效分配。

其次，要做到张弛有度。一方面紧跟市场，不断学习提升，保持对新知识新业态的了解，不断提高自身的综合能力；另一方面，还要定期清空自己,时刻保留一份心中的宁静,冷静地洞察市场变化,观察企业运营状态,避免每天被各种琐事牵绊,顾此失彼,乱了方寸。

第三,要尽量保障陪伴家人的时间。家和万事兴,家庭不和导致创业失败率明显升高。事实上,很多创业者选择创业的一个重要原因是为了改善生活,让家人过得更加幸福,以创业繁忙和艰难为由,忽略家人甚至导致家庭矛盾,这也违背了创业的初心。

最后,创业者要树立强烈的信念。真正成功的创业者不需要别人鼓励,他们有很强大的内心。排除杂念,心无旁骛地专注于理想,可以帮助改善精力问题,笔者称之为来自内心的力量。这种力量不仅可以鼓舞自己,还可以感召团队,激励他人。

第三节　缺钱和融资

体制内的科技工作者创业,一般来讲都缺乏资金,包括启动资金、流动资金、发展资金。融资是摆在创业者面前的一道必答题。

1. 融资方式、融资阶段和注意事项

企业融资主要分为债权融资和股权融资两种方式。债权融资就是以企业为主体通过负债获得资金,常见的如银行贷款。一般情况下,在企业创始阶段,由于缺乏资产规模和信用评级,债权融资能力有限,并且债权融资会让企业和创始人背负沉重的利息成本,对企业是一个负担。因此,创业企业采取债权融资的情况较少。股权融资是创业企业首选的融资方式。根据项目不同阶段的股权融资,分为种子轮、天使轮、A轮、B轮、Pre-IPO等。要注意的是,每轮融资并不是越多越好,早期的大额融资,由于出让股权过多,在后续融资中创始人股权的稀释,容易导致公司管理权和控制权丧失,也不利于后续投资人进入。因此,融资前做好用资规划和融资规划非常重要。融资过程也

是企业在发展中不断验证自身商业模式、技术路线、产品战略、经营方式、管理能力的过程,因此融资不可以急功近利,而是要循序渐进。

得到专业天使投资并不容易,需要具备一些基本条件。或者是行业领先的新技术,或者是有行业门槛的新市场,或者是有发展前景的新模式。传统技术、传统业态、传统模式很难获得投资。同时,需要有合适的团队,投资人选择项目,首先是选团队,特别是团队带头人。另外,还要求项目在法律上不存在障碍,对于科技型企业来讲特别关注知识产权纠纷问题。

产品实现销售,开始进入稳定增长后,要投入设备、厂房、土地等生产条件,或者扩大业务规模,就需要进一步融资。这个阶段的融资考察投资方要关注以下问题:一是双方发展理念契合;二是投资策略与公司发展需要相匹配;三是关注投资方的渠道资源。另外,还要考虑 PE 基金的要求,主要有以下几方面:第一,PE 基金一般是有存续期限的。一般 PE 基金的投资要求 5—7 年的时间就得并购或者上市退出,或者要求大股东按固定收益现金回购。一般而言,回购都会要求控股股东等大股东回购,以免出现公司经营不善无力偿还的情况。如果到期没能退出,大股东将会面临很大的压力。第二,PE 基金一般有对赌条款,达不到业绩就得拿钱拿股份出来补偿,如果出现几年达不到对赌目标,可能会出现公司控制权让位的情况,控股股东可能会从管理层中被清除出去,公司就不是自己的了。第三,PE 基金可能还附带其他条件,比如反稀释条款,后进的投资者未经同意只能以高于先进投资者除权后的股价进行投资、出现一些特定条件的时候投资者有权要求立即回购等。

另外,不少国内的创投机构,其投资做法是先拿到项目投资权再用项目去募资,往往资金到位不及时,会给企业带来不可预期的困难甚至灾难。一般来讲,创投机构或投资企业是通过旗下某只基金产品投资,在操作中可以直接问清楚是哪只基金,账面还有没有现金,并在投资协议上明确延期出资的惩罚措施。

2. 对项目估值要理性,不是越多越好

对项目的估值应该进行科学合理的测算,不可一味追求某一轮次融资的高估值。为未来的投资者进入留足估值调整空间,让本轮投资人有一定的溢价增值空间,让投资人看到企业成长为其投资带来的收益,是投资人愿意投资的重要条件。不少创始人都认为融资时企业估值越高越好,其实并非如此,回顾一些优秀企业的融资过程,总会发现其释放的股份很少,却拿到了更多的钱。也就是说,对创始人最有利的情况是通过系统化的多轮融资设计,能在上市前保留更多的股权,并且累计拿到更多的资金,同时又满足了企业发展的需要。

补充阅读:融资设计案例

一个注册资金 1 000 万元的初创企业,第一笔融资时创始人希望给自己 1 亿元估值,表面上来看,十倍的溢价是对初创企业的高度认可,但如果第一笔融资的估值太高,投资机构最终投入的资金量就不会太多,比如投资 500 万元,占有企业 5% 股份。这种情况下,企业第二次融资很容易会出现困难,因为每次融资的估值原则上是只能涨不能跌的。第二轮投资人的投资价格会被第一轮投资人锁住,常常出现的情况是,500 万元很快花完,企业很快需要第二轮融资,而在两次融资之间,企业本身的经营并未实现重大进展,第一轮只投资了 500 万元持有 5% 股份的股东不同意第二轮股东以低于第一轮的价格增资,而新投资人因为第一轮投资人的投资出现了风险会质疑企业的价值。特别是企业估值已经偏高,第二轮投资人如果要以更高的估值进来,一定也会对企业进行更谨慎的评估,这样企业的再融资就会因为第一笔仅仅 500 万元的资金受到限制,导致不能及时再融资,或者融资总额很少。正确的

> 方式是：每一轮融资以合理的估值拿到足够保障企业成长到有显著进展阶段的资金，并在企业运营有显著进展后提高估值再融资，这样每一轮投资人的投资浮盈都在水涨船高，老投资人对于配合企业融资的积极性也会很高，而新投资人因为看到了之前投资人的投资收益，也会乐于投资。

3. 估值差异、对赌条款及其处理建议

对初创企业来讲，创始人对企业的价值认定会有所保留，而早期投资机构特别是天使投资机构主要投的是"人"，所以双方比较容易达成共识。真正比较困难的是 A 轮和 B 轮融资，企业在创立和发展一段时间后，有了一定积累，但是业绩还没有充分成长起来，需要一次比较大额度的融资支持企业发展。这种情况下，资金的供求双方往往会有较大的分歧，最常见的分歧有两个：一是创始人对企业的估值和投资机构给出估值之间的分歧；二是创始人对"业绩对赌"条款的坚决反对。

企业 A 轮和 B 轮融资中最常打交道的投资机构是创投机构，创投机构是资金的管理人，而非资金持有人，所以其投资的方法和权限都受到较大的约束，一般对企业的估值都有比较规范的评估方法，其中最常见的就是 PE 估值法（市盈率估值法，非上市公司一般在 10 倍左右），就是根据企业的本年度净利润乘以行业平均 PE 倍数，而企业往往在 A 轮阶段并没有足够的净利润支撑估值，所以双方难以达成一致。为此，行业通用的办法是对赌，也就是用未来预期净利润进行企业估值。为了降低投资方的风险，会约定未实现对赌目标的赔偿方式，这是当前常见的投资方法，但由于存在赌输的可能性，总会遭到创业者的反对。

创业者排斥对赌条款的主要原因有两点：一是自己知道对企业发

展预期存在一定的高估,没有把握完成对赌;二是被各类"妖魔化"对赌条款的报道干扰了判断,担心被投资机构设计"陷害"。笔者建议,通过以下两种办法,可以在提高融资估值、多拿到一些钱的同时,有效防控对赌风险:一是将对赌条款的赌注限定在创始人能接受的筹码范围内。举例来说,可以对投资机构承诺如果对赌未完成,可以按照实际实现的净利润重新对企业进行评估,并补偿给投资机构对应价值的股权,而不必罚钱,或是锁定对赌利润为未来三年平均净利润,给完成对赌任务争取足够的时间;二是积极去争取那些需要做产业布局的战略投资人的资金,比如行业龙头,或者自身行业上下游的优秀企业,此类企业往往出于产业战略布局考虑,对创业项目的估值不会纠结被投企业的财务现状。投资机构作为资金管理人,是有投资纪律的,而产业投资人则灵活的多。当然,选择产业投资人也有风险,产业投资人往往都对被投企业有潜在的控制欲望,这一点需要创业者意识到。

4. 处理好与投资人的关系

在与投资人沟通的过程中,创业者对于企业的发展要有清晰认识,投资人希望看到一个系统、可操作、有实效的商业计划,看到一个与企业战略匹配的执行团队。如果在发展过程中能达到甚至超出预期目标,让投资人对企业越来越有信心,那么后续的资金投入将不会成为问题。很多机构愿意在企业发展过程中提供多方面资源支持,创业者也要学会利用好投资人的资源来帮助企业发展,因此,处理好与投资人的关系是创业者的基本功。

创始人对融资的影响至关重要。对同一个创业项目,不同的投资人偏好不同,评价结果会不同,估值会不一样;对同一个商业模式,不同的投资人也会有不同的判断。投资人都十分重视对创业者本人的考察,项目和商业模式是否可行,说到底要靠人来执行。创始人要组建一个能力上互补、价值观一致、执行力强的核心团队,创始人要有足够的胸怀和格局吸引并容纳人才,让投资人能"看清事"也能"看到人",对于人的信心是早期投资人重要的决策依据。

一般来说,投资机构的投资行为包括以下环节:初步接触、了解商业计划、项目立项、商业谈判、发送投资意向书、尽职调查、上投资决策会、签署正式协议、投资打款、投后管理、投资退出。在融资过程中,创业者容易关注项目的技术先进性、发展前景、模式创新等内容,实际上,还更需要注意的是信息的真实性、一致性和匹配性。

真实性,就是提供信息真实准确,在建立信任的过程中,真实性方面的小瑕疵会导致融资的全面失败。在信息不对称的条件下,投资人发现假信息会等同于企业不诚信,这是投资人眼里最大的风险。由于信息造假导致融资失败的后果很严重,有可能让创业者在投资圈名声恶劣,以致无人敢再投资。

一致性,就是在商务访谈过程中,不同的访谈对象对于公司发展目标、经营模式、市场前景认识和判断一致。一个创业企业能够严格执行自己所制定的战略路线,需要全员共同努力,因此不同岗位员工对企业战略的理解非常重要。企业核心员工对企业发展的判断和认知,也是投资人判断企业是否具备执行力的考察要点。

匹配性,就是企业的融资额度与发展阶段、人员配备、管理执行、战略目标能够相互匹配。融资的额度要与企业的发展阶段相一致,过少融资会导致企业经营困难,不能完成自身发展目标;过多融资会导致投资人对融资项目的疑问,也有可能导致企业采用烧钱方式发展,最终由于其他能力不匹配导致失败。因此,融资的要点是让投资人相信你的融资需求和企业发展阶段的需要相匹配。

总之,为初创企业融资,创业者要有清晰的规划、长远的布局、可行的计划、严格的执行、诚信的态度,在融资过程中不断完善商业模式,找到适合自己的投资人,努力合作,共赢发展。

第四节　市场竞争

市场是创业逻辑的起点。对于体制内科技工作者创业来讲,市场竞争是一个新课题,但却是一个必答题,只能正确,不能错误。

1. 清楚订单在哪里

清楚订单在哪里,也就是知道客户是谁,在哪里,有什么需求,应该提供什么产品和服务,需要解决哪些行业需求或者痛点,凭什么可以获得订单,等等。上述事项,作为企业运营的常识问题,对一些体制内科技工作者创业来讲,却常常成为有待解决的问题。

对于能够注意到需求的创业者来说,有一点是值得肯定的,那就是创业项目选择"至少是有需求的"。但存在一些创业者,把创业建立在个人闭门造车假想出的市场上,或者仅仅在电脑上做一些搜索就得出结论,缺乏必要的一线市场调研。实际上,仅仅是发现了需求还远远不够。需求可以分为四类:潜在的需求、现实的需求、企业有竞争优势的需求、企业可以获得的需求。多数创业者常常把潜在的需求幻想为自己可以获得的需求,这一点在许多创业项目的商业计划中常见。笔者曾看到一个新材料项目,创始人把项目净利润估计到了1万亿人民币。实际上,按照他的设计规模,全球的原料都不够他用,更不要说市场容量的问题了。

一些创业项目在启动初期,向亲朋好友或是朋友圈推销自己的创意或者产品,往往会得到正向反馈甚至会拿到订单。这时,创始人需要冷静下来仔细想想:"这些积极反馈或是订单的动机是什么?""这些需求是真实的吗?""这些需求是可以持续的吗?",等等。除此之外,有一类需求值得警惕,那就是"随机需求"。这类需求容易给刚诞生的创业项目一种胜利在望的喜悦,认为市场已经认可自己,进而盲目投入。很多情况下,这种"随机需求"并不符合创业项目的发展方向,订单体量小、费事耗时并且不可持续、很难复制,造成的结果很有可能是获得了微小的利益回报,但却让团队走错了方向,错过了潜在的发展机遇。笔者认为,在创业之初就应该有明确的发展方向,在能满足活下去的前提下,有时候甚至要拒绝诱惑。真正的战略方向是能为创业者提供持续发展空间的方向。

2. 做企业与做科研的不同在于市场

做企业与做科研,在工作目标、工作方法、工作节奏方面均有很大的不同。

从工作目标来讲,企业是以盈利为根本目标的组织,以满足市场需求并获取利益为导向。而科研工作的目标聚焦于某个科学问题的发现和解决,科研工作者常常是问题导向和兴趣导向,强调技术的先进性而常常忽视成本控制。

从工作方法来讲,企业运营需要企业的研发、生产、销售,以及行政、财务、人资等众多环节之间的高效配合和连续动作才能创造利润,所以企业管理是"面"的问题。而科研工作需要科学家集中各种科研资源,聚焦一个"点"或者一条"线"的科学问题。

从工作节奏上来讲,企业的运行节奏非常紧凑,人财物产供销环环相扣,每个月需要发放工资、缴纳各类基本费用,企业无论是否盈利,只要在运行,每天就会产生成本,这也使得企业的运行节奏讲究短平快。而体制内做科研,无论带头人还是参与人基本都不需要考虑人员成本。同时,科研失败的风险容易得到宽容,而且容易承担。但企业的失败后果则很严重,甚至导致企业破产。从周期上看,国家的科研经费管理是年度计划和预算模式,使得科技工作者的工作节奏以年度为周期,即年初立项、年底结题,科研机构的工作节奏相对固定。

目标、方法、节奏等方面的不同造成了企业文化与科研文化之间的显著区别,身处其中的科技工作者往往很难快速地适应这种改变。这一点从企业家和科技工作者的个人气质差别上也有所体现,企业家相对圆滑、能力全面;科技工作者相对直接、有所专长。当然现实中也有不少复合型人才兼具企业家和科技工作者的气质,这类人才是科研机构中储藏的优秀企业家种子,可惜的是,现实中此类人才更多走上了行政管理岗位,做官去了。

3. 任何环节落后都可能导致市场失败

科研机构的客户相对单一,验收单位明确固定,验收标准相对清晰,验收通过即可完成任务。但企业的产品要在市场上参与竞争,其客户多样、评价标准不一,客户认可环节多、难度大。市场竞争由众多环节构成,任何细节的忽略或错位都会导致最终的失败。以笔者熟悉的工业技术改造项目为例,从获得订单需求开始,需要与采购、技术、使用单位、招标组、决策层等不同单位、不同层级沟通并达成共识,在这个漫长的过程中,需要和竞争对手 PK 商务关系、设计理念、技术方案、实施质量、售后服务、业绩案例、报价、成本控制等项目,还要不停地评估客户需求的真伪和项目落地的可行性,甚至客户内部的技术部门有时也是潜在竞争对手。每个环节的落后,都会导致丢掉订单,甚至丢掉客户的后续订单。

4. 企业应注重自身内功修炼

企业生存的基础是拥有具备市场竞争力的技术或产品。科研机构的任务是完成课题,争取经费,缺乏从市场竞争的视角看待技术和产品的意识。相比之下,企业开发产品需要市场导向的思维,要考虑产品是否具有让客户买单的市场竞争力,需要深入调研产品面临的市场环境:目标客户、政策门槛、市场规模、产品技术生命周期、推广渠道、细分市场、竞争优势、竞争对手情况等。

技术创新的产品进入市场一般会经历三个阶段。初始阶段：竞争不激烈，大家都具有较高的利润，找好渠道、定好价格就可以占领一定的市场。一般竞争阶段：不断有竞争对手涌入，维持具有一定利润的价格，行业升级逐渐加快，技术竞争日趋同质化。白热化竞争阶段：市场技术趋向成熟，技术超额利润优势不存在，企业之间的竞争转化为内部成本控制和质量的竞争。所以，企业在决定开发一款产品时，要做好全生命周期的市场营销策略设计，做到一开始就要定位于能在白热化竞争中取胜。市场竞争最终都会走向企业综合实力的竞争，竞争优势是企业全面修炼的结果，包括技术、产品、团队、渠道、规模、供应链、品牌等方方面面，都是必修课。

第五节　树立风险意识

体制内的创业者由于缺乏经验，对企业经营风险的复杂性、后果的严重性估计不足。常常因为缺少常识和准备，在一些不必要的事情上栽跟头。从创业一开始，风险就如影随形，创业者必须要树立强烈的风险意识。

1. 现金流

经常听到和见到这样的现象，由于现金流中断引发一系列事件，甚至导致企业倒闭。对于初创公司来讲，其银行信用为零，融资能力差，现金流一旦中断，很容易引发倒闭的风险。例如员工工资、供应商应付款、税费缴纳、公司日常开支等，都必须要保证资金及时到位。

做好现金流管控，有助于及时发现问题，防患于未然。相应的，通过预付款和应收款的管理，提高资金流动速度、减少存货等措施，可以缓解现金的压力，降低资金的使用成本。管理者最好随时掌握公司的现金流情况,每周财务要做周报,并对未来一个周期的支出有预算管理,避免现金流突然中断时没办法处理的情况出现。

体制内创业者在开展科研项目时,基本上是有多少钱做多少事。但在企业经营中,资金总是跟不上业务发展的需要。在创业初始,科技创业人员对现金流问题缺少重视、理解不够,也缺少办法,常常要通过深刻的教训之后才能学会。

2. 成本控制

类似于现金流管理,体制内多数创业者容易缺少成本意识。科技工作是问题导向,强调创新性和先进性;但企业经营是市场导向,需要经济实用,成本是关键问题。现实中,多数创业者是通过市场竞争失败后才深刻认识到成本问题的重要性,进而才开始重视控制成本的各种办法。

成本在会计科目中有完整分类,生产成本、销售成本、管理成本、财务成本,每一类科目都有对应的内容以及管理办法。初创公司的成本控制点主要在人员成本、办公成本、研发成本,当然也包括生产物料成本、营销成本、财务成本。各种费用都有专门的成本管理手段,读者可以参考有关财务资料。现实中,初创企业由于业务没有进入正轨,处于快速发展和调整阶段,即使做了年度预算,并分解了月度预算,但在实际执行中很难按要求实施。所以,初创企业最好按照费用类别建立一个预算支出的成本中心,通过加强支出审核来控制费用支出,落实成本控制。

3. 人员流动

人员流动带来的不仅是成本增加,骨干成员的流动甚至有可能导致项目中断。

企业留人,首先考虑薪酬,然后才是成长机会,把共同理想、共同责任和共同利益结合起来。如果创业企业能给出有竞争力的薪酬,会有利于留下优秀员工。但创业企业启动资金并不丰富,一般薪水不会高,所以大多采用股权激励方式。特别对稳定骨干来讲,通过期权方式给骨干一定的股份,让其成为公司股东,让骨干更愿意为公司长期努力工作。

适应发展阶段的公司文化对于创业企业来说也非常重要。在企业文化中,要注重体现对员工的关心,对员工个性、人性的理解。当然,企业文化也有自己的特质,不能要求所有的人都能马上接受。

还有就是职业发展规划,如果公司不能为员工提供持续发展的成长环境,那么总有一天他会选择离开。初创企业大多没有完善的人力资源管理系统,员工的职业生涯规划,更多的要和企业的发展结合,让员工体会到自己和企业的共同成长,有助于提高员工对公司的忠诚度。

4. 突发事件

企业的突发事件有很多方面,要树立预防突发事件的风险管理意识,并逐步建立和完善应急处理机制。突发事件发生时如果处理不当,会给企业带来巨大的损失。常见的突发事件包括生产安全、自然灾害、市场订单变化、合作伙伴违约、政策调整、关键员工突然离职等,这些事件都有可能给企业带来重大损失。

突发事件被认为是小概率事件,只是偶尔发生。正如墨菲定律所说,只要有可能发生,就一定会发生。初创公司由于各方面都不完善,突发事件更容易发生,危机管理甚至成为常态。创业者在相当长的时间里,会感觉自己是以救火队员的身份存在,总在处理计划外的突发事件。所以,如果有条件,管理者和员工可以进行一些和岗位有关的危机管理培训和学习,并逐步导入应急管理体系。

5. 法律风险

初创公司在这方面尤其容易犯错误,主要问题是对法律细节缺乏了解,也没有聘请专业的法律顾问把关。建议所有的合同文件都要有专业律师审核把关,律师费用不能够节省。公司的投资协议、公司章程、合作协议、商务合同,以及知识产权管理、人资、财务等工作,都涉及相关的法律法规,做好了可以得利,做不好就有重大隐患,可谓步步陷阱,步步惊心。

例如:觉得自己的产品可能存在专利侵权风险的,可以进行知识产权可实施性检索;专利上进行可实施性检索,检索的范围包括行业内的主要技术和竞争对手申请的技术,至少对自己的产品是不是侵犯他人知识产权和其他权利有所了解;商标上进行商标检索,看看是不是侵权了他人的品牌;版权上也要看自己的产品是不是存在侵权的内容。这些摸底很多时候会检查出一些存在的问题,此时,应该对产品进行评估,至少让公司管理层对法律风险有准备。

第六节 其他的困扰

体制内的科技工作者创业,除了要面对上述问题,还有一些企业经营管理之外的问题需要面对。如果这些事情处理不好,也会诱发创业失败的风险。

1. 传统观念的歧视

历史上,传统观念把社会人群分为"士农工商"四大阶层,学而优则仕的官本位思想在社会观念中影响深远。同时,在中国漫长的农业社会历程中,重农轻商思想也长期作为主旋律存在,商业人士长期处于社会底层。吴晓波在《浩荡两千年》中也提到了这一点,在正史甚至野史中都记载寥寥。科研机构的科技工作者作为知识分子代表,被社会纳入"士"这一阶层,受到社会公众的尊重,知识分子也被誉为"社会的良心"。一旦选择创业,发生了从"士"向"商"的角色转换,来自社会和周围的评价便形成落差。特别在前几年,国家政策对体制内科技工作者创业没有明确支持,科技人员从商创业还有不务正业的嫌疑。但近年来,市场经济的思想开始深入人心,特别是国家双创战略的实施,科技工作者创业才逐渐得到主流认可。

但是,同科研大义与商人微利比较起来,科技工作者创业难免让人产生角色感的失落。来自社会周遭的异样眼光,对于创业者而言是一种无形的压力,容易导致自我认知的迷惑,动摇创业者的信心,创业的冲劲与干劲也会受此影响。

2. 捣蛋者

在创业过程中,伴随着事业的发展,除了鼓励和支持,也不乏眼红的、捣乱的、告状的、塞人的,人间百态粉墨登场、一一呈现。创业者需要有一个强大的内心,只有学会七十二变,方能应对八十一难。创业者常常面临亲友的不解、同行的挤兑、外行的干涉,也会经历种种骗局与纠纷,当被告、被下套都是入门级障碍。当企业做出点规模,各方关系便会安插人员进入企业。当然,如果对安插人员的角色和能力特征分析得当,能够实现量才使用,也可以在发挥员工自身优势的同时,整合好相关的渠道资源。现实中,纠缠不清的捣乱分子花样百出,有的是为了获得自身利益,有的是作为竞争对手要打击同行,有些却是钻法律空子实施敲诈勒索,有些仅仅是因为眼红想要分得一杯羹。解决这些问题不是一日之功,需要创业者在困难中不断积累和锻炼。

3. 失败的幽灵

创业者在创业之初要有危机感,类似科研工作那样的快乐,在创业路上并不存在。大多数的科研任务基本可以按计划完成,环境相对宽松,成功率较高。而创业的风险却无处不在,防不胜防。多数创业成功者都是在多次失败后能够坚持下来的人。失败对于创业者的信心打击很大,需要养成强大的内心,才能在创业大潮中永立潮头。创业过程艰辛而曲折,阶段性胜利会带来些许的成就感,但形势变化带来的新挑战,让创业者应接不暇。

企业在市场中的竞争要遵守丛林法则,为了生存下去,无时无刻不在思考市场、资金、人员、产品等方方面面的问题。在市场竞争中,创业者总是处在追赶和被追赶的节奏中,很少处于自己的舒适区,却常常在恐慌区徘徊。因为长期都处在焦虑、惶恐状态中,不少创业者精神高度紧张。失败成为创业的常态,创业者要学会与之坦然共处,善于在试错和失败的历练中吸取经验,成长起来,实现突破。

4. 学习与政府打交道

从学者教授到企业负责人,与政府打交道的身份变了,其思路、内容和方式会有很大不同。科技工作者创业需要重新学习如何与政府打交道。

(1) 尊重和理解政府工作人员。

谈项目时常常面对的是政府领导,但办理事务大多面对的是政府基层工作人员。要认识到:在公务员队伍中集聚了大量的社会精英,他们的社会阅历和管理经验都很丰富,对他们要足够尊重和理解。同时,这些管理者的成长历程大多比较艰辛,付出的努力丝毫不比创业者少,理解他们所付出的努力,正如理解创业者自己。现实中太多负面案例,常常是由于相互之间不够尊重、信息不对称,进而导致优质项目和地方需求近在咫尺却互不相见。对政府来说,掌握的是公共资源,在符合地方政策条件下,对某个创业项目信息掌握得越多,理解得越深,支持的可能性就越大。因此,理解和尊重是建立有效沟通的桥梁,是获得支持的重要条件。

(2)掌握贡献与获取的平衡。

对于创业者而言,对地方的贡献是创业者获取政府支持的条件之一。这种贡献更多的体现于项目对政府的回报,要理解政府关注的经济指标,包括产值、税收和就业。一个项目,如果不能够带来税收、带来就业,那么也不能算是一个优质项目。但初创企业往往很难快速达到政府提出的税收和就业指标,在这个过程中,创业者就要仔细思考创业项目在税收和就业之外,还能够对社会、对当地有什么贡献。例如项目的技术先进性、未来的市场表现,以及为地方引进优秀人才。

(3)坦诚为主、技巧为辅。

项目落地的过程之中,通常创业者要和政府面对面地进行多次谈判。在谈判过程中,创业者要清晰地告诉政府能为地方带来什么,需要政府做哪些工作,这是坦诚。与政府的谈判沟通,创业者经常会发现政府方面有很多刚性规则,在这些规则的安排下,地方政府有效地实现了对社会活动和经济活动的管理。但除了法律条文明确禁止或明确允许的内容之外,还有很多可商榷的内容,这些内容就是创业者可以尝试和政府讨论、交流的空间。创业者们不能去挑战规则,但是在多数的社会管理规范之中都有一事一议的可能。当我们把合理诉求通过一事一议的方式表达出来之后,有可能获取比面上规则更好的政策支持。

创业者期待从政府获取的支持,主要有财政支持与市场支持。初创期的项目大多关注财政支持,可以为创业缓解早期资金紧张的问题。对于进入成熟阶段的创业项目来讲,则应多争取市场支持。

5. 做明星企业家的利弊权衡

专家教授创业容易受到关注，一旦有所成就，便会被作为典型，得到各种荣誉和光环，甚至成为创业明星，但相应的纷扰也接踵而至。要不要做明星企业家，是不少体制内创业者要面临的一个困扰。因为有不少依靠明星效应站稳脚跟的创业例子，但从科技工作者变成曝光率较高的创业明星，也让很多创业者感到忐忑和不适。

要不要做明星，可以从两方面来看：一方面，要考虑创业明星的精力成本。在创业初期，创业者琐事缠身，经营明星光环的压力常常会阻滞创业者自身成长，也会影响企业发展。万众瞩目是一把双刃剑，顺境中是很好的事业助力，但遭遇挫折或者逆境时，明星创业者则要承受远远超过普通创业者的压力。因此，大部分创业初期的明星企业家难以取得大的成就，创立的企业也容易早早夭亡。

另一方面，也有一些明星企业家通过个人影响力整合发展资源，促进企业发展。比较典型的是直接面向民生类市场的企业，此类行业的企业家中有不少人都选择了以明星身份在公众视野中存在，为自己和企业代言。企业的标志性符号与企业家个人特征合二为一，可起到相互支持、相互强化、相互促进的作用。

商界从来不缺明星企业家，要不要做明星企业家取决于创业者自身，但有一点比较重要，就是不要被"明星企业家"的光环所迷惑。企业家很重要，但是企业的成功还和社会环境、发展趋势、行业特性，特别还有初创团队密切相关。要尽量避免因明星化使自己或者团队陷入盲目的个人崇拜，进而忽略了更重要的商业规律。

第三章　看到希望

第一节　时代机遇
第二节　它山之石,可以攻玉
第三节　国内高校的实践

看清形势、看懂规律、看准机会。从时代机遇、市场需求、政策导向、创业要素等背景出发,分析了行业的发展形势和创业机遇。它山之石,可以攻玉,总结和分析了斯坦福、MIT等创业型大学打造创业生态、推进产学研合作的成功经验。结合国内高校推进成果转化的实践,总结了我国高校创新创业的主要经验和做法。

创业行动之前首先要回答一个问题:希望在哪里?特别是从体制内走出来的创业者,其中有些人是因为对现有环境感到了失望,而不是看到了创业的希望,属于被动创业。这些人大多三十多岁,在技术和管理方面有一定经验,对行业有较深入的理解,同时也积累了一些资源。但由于体制内固定模式提供的发展空间有限,"你甚至可以看到自己四五十岁到退休的样子,压力大,但机会很少",这是容易听到的抱怨。其中有些人在寻求改变,不想混吃等死,希望有所作为,趁着还年轻,加上国家创新创业的政策鼓励,创业愿望越来越强烈。职业生涯天花板在往外挤压,同时外部诱惑的拉力越来越大,创业成为越来越多体制内有想法不安分年轻人的重要选择。

看到希望,首先要有市场;其次要符合政策导向、顺应发展趋势;然后要有实施创业项目的基础条件,要尊重规律、尊重人性。创业领袖要考虑事业持续发展,但追随者更多考虑当下的幸福生活。在多数人看不清、看不懂、看不起的时候,要能看到希望。不仅当前有希望,还要有成长的希望。这不仅需要超人的能力,更需要非凡的智慧,甚至是对目标的信仰。德鲁克说:"只有通过绝望,通过苦难,通过痛苦和无尽的磨炼,才能达至信仰。"成功的创业企业,大多离不开创始人的远见卓识和团队的共同努力,甚至是共同信仰的力量。有了共同希望,才有共同理想、共同责任、共同利益。

第一节　时代机遇

时代是一个很有文艺范的词,指那些具有明确经济、社会、文化、技术特征的一段时期。我们可以从自己的经历中感受到时代的存在,例如70后、80后经历过计划经济、土地承包、国企改制、农民工进城、房地产改革等具有经济特征的时期,还有手机、互联网、机器人等具有技术特征的时期,都可以被称为一个时代。我们生活的时代,正在经历着许多重大变化,而且变化越来越快。

变化中有机遇,也有挑战。20世纪80年代以后,随着政治、经济、文化、社会等大环境的变化,每个时代都造就了一批明星企业,也造就了一批时代人物,看富豪排行榜走马灯一般变换,不由得想到一句定场诗:"五霸七雄闹春秋,顷刻兴亡过手。"在变化中看到希望,把握机遇,我们所处的时代,在市场、政策,以及基础条件包括人才、资金、信息互通、国际化等方面都为创业提供了出发条件。

1. 经济发展——市场机会

市场是创业的逻辑起点。市场有多种定义,核心是需求,经济学定义为消费者愿意购买并且有能力支付的需求,是有效需求。创业者的市场需求有以下几类:一是消费者愿意购买,但其中包含部分当前无能力支付但以后可能有能力支付的需求,这是理论市场容量;二是消费者愿意购买并且当前有能力支付的需求,这是有效的市场容量;三是在有效需求中本企业与竞争对手相比具有优势,是本企业可能的市场容量;四是企业自身能力可获得的市场订单,包括营销、生产、成本和质量控制能力等,这是企业可实现的市场容量。

随着技术进步、生产组织方式、消费习惯和购买能力的变化,市场容量在不断变化。创业者从活下来的角度出发,要理智地看清项目的可实现的市场容量,但是从成长角度,要看到项目的理论市场容量。只有大市场才能培育出大企业。关于市场,可以从营销角度、科技角度、供求角度分析,这里我们从发展阶段的角度进行分析。我们所处的时代特点是快速变化,只有看清变化、适应变化、争取引领变化,才能更好地把握机遇。

(1)市场作用的政策演进。

在吴晓波的《浩荡两千年》和温铁军的《八次危机》中,描述了政治和经济两种力量的互相作用,有对抗,有妥协,也有促进,体现了发展潮流和经济规律的力量。在此简要回顾三十多年来我国从"计划经济"到"商品经济"再到"市场经济"的演进过程,这是我国民营经济不断发展、创业者逐步成长的过程,也是政府对市场认识不断深化、关系不断协调的过程。其间一些标志事件如下:

1978年,十一届三中全会提出"坚决实行按经济规律办事,重视价值规律的作用";

1982年,十二大提出"发挥市场在资源配置中的辅助性作用";

1984年,十二届三中全会把"有计划的商品经济"写进《中共中央关于经济体制改革的决定》;

1992年,十四大提出"要使市场在国家宏观调控下对资源配置起基础性作用";

2003年,十六届三中全会提出"要在更大程度上发挥市场在资源配置中的基础性作用";

2012年,十八大提出"要在更大程度、更广范围发挥市场在资源配置中的基础性作用";

2013年,十八届三中全会《中共中央关于全面深化改革若干重大问题的决定》提出"使市场在资源配置中起决定性作用"。

可见,市场对资源的配置作用从"辅助作用"到"基础作用",再到"决定性作用"的不断突破。同时还要注意近期的两条信息:

2014年,十八届四中全会审议通过《中共中央关于全面推进依法治国若干重大问题的决定》提出"社会主义市场经济本质上是法治经济"。

2015年,十八届五中全会通过《中共中央关于制定国民经济和社会发展第十三个五年规划的建议》再次重申"坚持公有制为主体、多种所有制经济共同发展。毫不动摇巩固和发展公有制经济,毫不动摇鼓励、支持、引导非公有制经济发展"。

综上所述,国家在鼓励、支持、引导创业,提出市场经济是法制经济,要求创业要克服投机思想,要按经济技术规律办事。要注意到公有制是主体,非公经济要鼓励。我们的创业机会有很大一部分是围绕公有经济发展。从演进路线图和发展方向来看,有足够理由相信:创新创业是历史机遇,是潮流和规律作用下的大势所趋。

(2)"调结构、转方式"大背景下的市场机遇。

"调结构、转方式"成为近十几年来中央经济工作会的主题和基调,也成为各级领导的口头禅。在其中,创新创业者能看到什么机遇呢?"调结构、转方式"的任务主要有高度化和合理化两方面。高度化包括:以第一产业为中心逐步转向以第二、第三产业为重心;呈现"劳动密集型—资本密集型—技术密集型"的优化轨迹;由"低附加值—高附加值"方向的发展;顺着"低加工度(粗加工)—高加工度(深加工)"的方向演进。合理化包括:产业之间在原材料、技术、市场、方向和战略的关联度加深;产业内的有机联系加深,上下游比例合理、配套完善,形成较高的经济效益和竞争力;产业协调能力加强,与各类资源的关联水平提高,空间布局更合理,更好地实现市场供求平衡。"调结构、转方式"的产业政策要点主要有:优化三次产业结构的比例构成,主要是提高第二、第三产业的比重;优化三次产业的内部结构,第一产业要大力发展现代农业,第二产业要提高技术水平和资源利用率,第三产业要加强生产服务业的发展;完善产业集群和空间布局,更有效地满足市场需求和符合地方实际;提高产业内部关联度,提高产业在技术经济上的协作水平;提高产业的技术水平和产品加工深度。

以上内容成为近年来政府文件的主题,有些内容是产业政策可以作用的,例如产业定位、发展方式;有些内容却是规律作用的结果,如三次产业结构。选择创业项目,一是要符合经济规律和技术规律,有市场需要,技术先进、成熟、完整;二是要响应国家和地方政策,应时而生、顺势而为;三是要考察落地条件,除了区位、资源、产业配套等因素外,地方政务环境十分重要。同样的中央政策,在不同地方的理解和落实不同,地方主要领导的发展理念、执政风格对项目落地影响很大。

现实中,能得到政策倾斜和主要领导重视的项目更容易获得发展条件,特别是创业团队的项目。关于如何获得政策倾斜和领导重视,有几个体会:一是要有好的平台,通过平台提供良好的背景,有背景的项目更容易获得重视;二是要有组织,创业项目要拉帮结派、成群结队发展,特别在创新创业的政策背景下,形成规模比孤军奋战要好;三是要针对偏好,选择产业定位、发展模式、执政理念对口的地方。当然,打铁还需自身硬,好项目是前提。

(3) 不同视角下的市场机遇。

把握市场机遇,关键是能看懂规律,看清方向,看准时机。下面从不同视角分析特定内容发展阶段下的市场机遇。

第一,工业化和城市化的市场机遇。 工业化程度反映工业特别是制造业在国内生产总值(GDP)比重不断上升的过程,以及工业就业人数在总就业人数中比重不断上升的过程。按照通行标准,我国目前处于工业化中后阶段,处于城市化高速发展阶段。从全球大国工业化进程变化特征来看:第二产业一般要增加到60%以上其比重才会开始逐步降低,同时第三产业逐步增加到60%以上。第三产业包括生活服务业和生产服务业,第二产业的充分发展是生产性服务业发展的基础和前提。

城市化与工业化对应表现为从事第一产业的人口向第二、第三产业转移,农村向城市转移,城市文明向农村地区扩散。城市化率突破30%后会进入加速阶段,直到城市化率接近70%后进入稳定状态。工业发展绝不是孤立进行的,而总是与农业现代化和服务业现代化发展相辅相成。在工业化进程中,主要表现为工业生产量快速增长、新兴部门大量出现、高新技术广泛应用、劳动生产率大幅提高、城镇化水平和国民消费层次全面提升。在此发展阶段的市场需求主要有:一是工业高度化需要,提高能力和技术水平,如机器人、智能装备、新材料、节能环保等;二是工业合理化需要,优化资源配置,主要是生产性服务业,如信息技术、智慧工厂、人工智能、大数据等;三是配套功能完善,包括创业生态、技术咨询、金融服务等。

第二,城乡统筹一体化的市场机遇。城乡统筹是国家任务,"关注国家重大需求、关注民生、让人幸福生活"是企业主动服务社会的价值观,也是企业安身立命持续发展的基础。破解"三农"难题,全面建设小康社会,要统筹城乡经济社会发展,建设现代农业、发展农村经济、增加农民收入。

城乡统筹的主要途径是在城乡规划建设、公共服务、基础设施、社会保障、社会管理等五个方面实现一体化发展。农业现代化的主要途径有三个方面:一是机械化、规模化、良种良法,改变传统生产方式;二是多功能化,把农业和旅游观光、生态体验结合;三是高端化,包括绿色农业、有机农业等。总体上实现农业产业化,农产品商品化、品牌化,真正改善农业的生产方式、农村的生活方式、农民的生存方式,实现农民增收、农业发展、农村稳定。

解决"三农"问题需要管理创新、技术创新、产品创新、制度创新、模式创新。有需要的地方就有市场,就有创新创业的机会。精准扶贫需要多种创新组合,包括农产品精深加工的技术创新、原料基地种植组织方式的管理创新、产品销售的商业模式创新,需要把第一、第二、第三产业统筹起来发展。城乡统筹发展需要与新的农业生产方式、农村生活方式相适应,把新技术、新模式、新理念和传统业务融合,城乡统筹一体化是创新创业者的历史机遇。

第三,老龄化的市场机遇。养老是硬需求,正在成为一个新兴产业。老龄化指老年人口占总人口达到或超过一定比例的人口结构。按照联合国标准：一个地区60岁及以上老人达到总人口的10%，或65岁及以上老人占总人口的7%，该地区视为进入老龄化社会。2000年第五次人口普查，我国60岁及以上人口占总人口的10.2%，65岁及以上人口占总人口的6.96%；2010年第六次人口普查，我国60岁及以上人口占总人口的13.26%，65岁及以上人口占总人口8.87%，均已进入老龄化社会。中国在未来30年将快速进入老龄化，需要长期照料的老年人口规模巨大，全国生活不能自理老年人口数量预计2020年将超过2 000万人，2050年将达到3 800万人。

要注意的是，2000年我国人均GDP仅为949美元，2010年我国人均GDP为4 394美元，而发达国家进入老龄化阶段的人均GDP基本都在5 000美元以上。我国面临的养老问题难度大：老龄化程度较高，未富先老，计划生育政策后形成的空巢老人多等，相应的经济问题、社会问题、心理问题突出。近年来，空巢老人自杀事件屡见报道，影响很大。农村老龄化形势严峻，出现"老龄化、少儿化、女性化"的"三化"并存的局面。养老成为一个巨大的刚需，政府支持、社会关注，创新创业者和社会机构已经开始行动，在技术、产品、商业模式上进行尝试，需要加快探索技术产品化、产品商品化的路径。

第四，"互联网+"的市场需求。"互联网+"时代已经到来，云计算、移动互联、大数据、人工智能等新技术新模式正在深刻改变着我们的生活，吃饭、出行、旅游、打车、支付，基于手机客户端的信息服务开始成为生活必需品。互联网对传统行业的渗透与融合正深刻改变着各行业的生产组织方式、要素配置方式、产品形态和商业服务模式，"互联网+"为创业者提供了巨大空间。在信息化、数字化、智能化的技术背景下，创新创业要素更具有流动性，技术、资本、人才、市场的对接渠道开始打通，更容易完成资源整合。同时要注意到，许多行业的发展大多要经历一个规模化、规范化、标准化、自动化、数字化，然后是信息化、智能化的过程。从发展需求来看，企业生产、居民生活、医疗教育、政府管理、国家安全,在产品层面、企业层面、行业层面,以及社会层面,都对新技术、新产品、新模式应用有广泛需求,这是创新创业者的机会。

第五,市场的机遇和风险并存。从发展阶段看,我国经济发展进入新常态,传统增长动力在减弱,资源环境约束在加强,要素成本越来越高。中国有14亿人口,市场巨大;中国有稳定的政治环境,为企业经营提供了安定的发展环境;中国经济仍将处于较快发展阶段,工业化、城市化、城乡统筹一体化正处于快速发展阶段,需求量大。中国市场行业门类多,新技术、新产品切入市场机会多。但市场机会和风险并存,中国的市场具有以下特点:一是容量大,地域辽阔、人口巨大、前景大、机会多;二是变化快,发展快、消失也快,竞争激烈,容易走极端,很快就过剩;三是秩序有待改善,假冒侵权严重,企业诚信度不足,投机思想严重;四是差异性大,包括区域差异、行业差异、水平差异。总体上,市场经济体系发育不成熟,消费者、企业和监管部门都需要学习。消费者对商品价格敏感度高、识别能力差、维权成本高;企业家崇尚官场情结、偏好关系、存在投机行为;政府存在短期行为、地方保护,产业政策缺乏稳定性等。以上因素互相作用使问题更加复杂。

问题的另一面是责任,差距的另一面是动力,风险的另一面是机遇,作为创新创业者,既要能看到风险、规避风险,还要能看到机遇、把握机遇。

2.国家重视——政策机会

创新创业得到国家重视、政府支持、政策跟进,各级领导高度关注。可以说,各方面对创新创业的重视达到了一个新高度,一大批创新创业平台纷纷出现,就连西部小县城都有一批双创产业园、农民工返乡创业园。科技工作者跃跃欲试,创新创业的参与深度和广度也达到了一个全新水平。

(1)领导重视和"大众创业、万众创新"。

我国历届领导人对创新、科技、人才都高度重视。邓小平同志在1978年提出了"科学技术是生产力",1988年再次提出"科学技术是第一生产力"。在当时历史条件下反响巨大,推动了人才和科技工作改革。江泽民同志在1995年全国科学技术大会上指出"创新是一个民族进步的灵魂,是国家兴旺发达的不竭动力"。胡锦涛同志在2007年十七大报告中指出"提高自主创新能力,建设创新型国家"。十八大以来,在习近平总书记公开讲话和报道中"创新"一词出现超过千次,创新发展成为国家战略。李克强总理于2014年9月夏季达沃斯论坛上提出"大众创业、万众创新",此后成为国家战略,并把"大众创业、万众创新"和"增加公共产品、公共服务"并列提升到中国经济转型和保增长的"双引擎"之一的高度,足见政府对"双创"的重视。

(2)创新创业政策措施频频出台。

近年来,国务院、各部委、各级地方政府纷纷出台扶持创新创业的政策:

2013年12月28日,《中华人民共和国公司法》修改意见,自2014年3月1日起施行。主要对设立公司的出资限额、认缴额度的限制进行调整,降低了创业的资金门槛。

2014年8月8日,科技部、财政部印发了《国家科技成果转化引导基金设立创业投资子基金管理暂行办法》的通知,为各地方政府引导基金设立提供了支持和参照样板。

2015年6月11日,《国务院关于大力推进大众创业万众创新若干政策措施的意见》,从创新体制机制、优化财税政策、搞活金融市场、扩大创业投资、发展创业服务、建设创业创新平台、激发创造活力、拓展城乡创业渠道等8个领域提出了27个方面、93条政策措施。

2015年8月29日,《关于修改〈中华人民共和国促进科技成果转化法〉的决定》,重点鼓励社会资本进入,地方政府支持,同时还修改了个人奖励的最低比例。

2015年9月23日,《国务院关于加快构建大众创业万众创新支撑平台的指导意见》,是对大力推进大众创业万众创新和推动实施"互联网+"行动的具体部署,是加快推动众创、众包、众扶、众筹等新模式、新业态发展的系统性指导文件。

2016年5月8日,《国务院办公厅关于建设大众创业万众创新示范基地的实施意见》,支持双创示范基地探索创新、先行先试,在拓宽市场主体发展空间、强化知识产权保护、加速科技成果转化、加大财税支持力度、促进创业创新人才流动、加强协同创新和开放共享。

2017年1月22日,中共中央政治局决定设立中央军民融合发展委员会。之后,军民融合产业园、军民融合示范区的建设开始在全国范围启动。

配合总体部署,国务院办公厅密集出台了一系列鼓励创新创业的文件:

2015年3月2日,《国务院办公厅关于发展众创空间推进大众创新创业的指导意见》,主要内容是加快构建众创空间、降低创新创业门槛、鼓励科技工作者和大学生创业。

2015年4月27日,《国务院关于进一步做好新形势下就业创业工作的意见》,主要内容是深入实施就业优先战略。

2015年5月4日,《国务院办公厅关于深化高等学校创新创业教育改革的实施意见》,主要内容是全面深化高校创新创业教育改革,建立健全课堂教学、自主学习、结合实践、指导帮扶、文化引领融为一体的高校创新创业教育体系。

2015年6月17日,《国务院办公厅关于支持农民工等人员返乡创业的意见》,主要内容是促进产业转移,带动返乡创业,鼓励输出地资源嫁接,引导第一、第二、第三产业融合发展。

同时,国家发改委、人社部、科技部、财政部也纷纷出台配套政策和措施,落实中央和国务院关于创新创业的各项工作安排。在2015年,各省、直辖市、自治区等地方省级政府纷纷出台政策,仅大学生创新创业的省级地方文件就多达68个。各级地方政府纷纷成立各类创业引导基金、产业扶持资金、双创孵化器、人才和创业扶持项目。

(3) 政策引导下的积极响应。

双创活动激发了各个方面的创业激情,科技工作者、大学毕业生、社会创业人员积极参与。身边的老师和学生越来越多地开始关注创业话题,特别对高校教师创业的评价从原来的"不务正业"向"有所作为"转变。大学的人事部门出台政策,一些学校开始允许教师参与创业,把创业纳入工作量考核范围。各地为双创打造的众创、众包、众扶、众筹平台等,助推双创的深入开展。2016年,全国大众创业、万众创新活动周,各地共举办活动近5 000场,参与人员超过2 000万人次;全国新登记市场主体1 651万户,其中企业552万户,日均新增1.5万户。双创活动吸引了社会资本的积极参与。2016年,我国私募股权投资市场共发生投资3 390起,披露金额6 014.1亿元,创投市场共发生投资3 683起,披露金额的3 419起,投资交易共计涉及金额1 312.57亿元人民币。从投向来看,互联网、IT和娱乐传媒等新兴经济是投资热点。2016年,中国国家知识产权局发明专利申请受理量为133.9万件,其中高技术制造业增加值同比增长10.6%。

领导重视、政策鼓励、创业条件日益改善,大学科技园、大学生创业园、各类孵化器、双创平台提供的技术、生产、市场、投融资、财务、法务等服务日益完善,体制内人员创业的职业风险、资金风险逐渐降低,越来越多的人开始选择创业。

3. 基础条件——要素供应

选择创业要有适合项目成长的环境,要有产业生态,所谓天时、地利、人和。除上面的市场、政策因素外,经过近三十年的积累和发展,适合创业的其他条件有了重大改善,包括智力资源积累、资金、信息互通、全球化等方面。

(1) 智力资源积累。

随着教育优先发展战略的持续推进，国民受教育水平显著提高，中国正从人力资源大国向人力资源强国发展。根据近年招生人数统计，全国普通高中在校生 2 700 万人左右，各类中等职业教育在校生 1 700 万人左右；普通高等教育本专科在校生 2 500 万人左右，在学研究生 140 万人左右。目前，每年本科生招生 700 万人左右，研究生招生 50 万人左右，博士生招生 7 万人左右。到 2017 年，国内已毕业的本科生超过 9 000 万人，已毕业的硕士研究生超过 450 万人，已毕业的博士研究生超过 60 万人。根据 2010 年第六次人口普查统计：截至 2009 年底，全国 15 岁以上人口平均受教育年限 8.9 年；主要劳动年龄人口平均受教育年限为 9.5 年，其中受过高等教育的比例为 9.9%，新增劳动力平均受教育年限达 12.4 年。我国人才国际化发展不断提升，《国家中长期人才发展规划纲要（2010—2020）》提出要"开发利用国内国际两种人才资源"。国家层面大力实施"千人计划""万人计划"，鼓励并支持海外高层次人才回国（来华）工作。包括教育部"长江学者奖励计划"、中科院"百人计划"、自然科学基金委"国家杰出青年科学基金"，以及其他部门和各省市的人才引进项目。目前我国已基本形成了覆盖各领域、各年龄段的人才体系。

对于创业项目来讲，人才并不缺。对于人才来讲，需要一个好项目，需要有利于成就事业的平台，需要适宜创业的发展环境，以及有效的激励机制，让人才看到成长的希望。

(2) 资金。

2016 年，我国国内居民储蓄存款余额 59.2 万亿元，同比增长 8.4%。中国是全球少有的拥有巨额储蓄的经济体。中国储蓄率达到 45% 左右，约是美国、日本国民储蓄率的两倍。储蓄率指个人可支配收入总额中储蓄额所占的百分比。国家统计局《2016 年国民经济和社会发展统计公报》显示，2016 年全年全社会固定资产投资 606 466 亿元，同比增长 7.9%，扣除价格因素，实际增长 8.6%。其中，固定资产投资(不含农户)596 501亿元,同比增长8.1%。在固定资产投资(不含农户)中,第一产业投资18 838亿元,同比增长21.1%;第二产业投资231 826亿元,同比增长3.5%;第三产业投资345 837亿元,同比增长10.9%,其中高技术产业投资37 747亿元,同比增长15.8%,占固定资产投资(不含农户)的比重为6.3%。对比来看,2016年民间固定资产投资365 219亿元,比2015年名义增长3.2%(扣除价格因素实际增长3.8%),民间固定资产投资占全国固定资产投资(不含农户)的比重为61.2%。

从产业上看,第一产业民间固定资产投资15 039亿元,同比增长18.1%;第二产业182 507亿元,同比增长3.2%;第三产业167 673亿元,同比增长2%。在2012年到2015年,民间投资比重总体呈上升趋势,由62.1%上升到65.4%,但从2015年开始下降,2016年占比下降为61.2%。分析认为:一方面是以房地产为主的行业投资机会减少,民间投资的第三产业仅增长2%,远低于10.9%的平均增速;民间对实体经济投资增速也在减少。原因主要是近年来实体经济的净资产收益率偏低,甚至低于融资成本,导致M1与M2的差距增大。2016年6月,狭义货币M1同比增长了24.6%,而广义货币M2同比增长为11.8%,原因就是人们更愿意持有货币,而不愿意投资。2016年6月,制造业投资增速从4月的1.3%下降到-0.4%,民间投资甚至出现了负增长。从储蓄结构来看,企业是储蓄增加的主力,反映企业投资意愿在减少。同时,2016年全年M1增长率为13.9%,M2增长率为12.4%;2017年预测M1增长率为14.2%,M2增长率为13.3%,仍处于投资乏力状态。

资本具有追逐利润的本性。一方面是大量存量资金在增加,另一方面是投资增速在下降,重要原因是缺乏优质投资项目,而不是缺乏资金。产业政策的目的是鼓励发展,在危机中找机会,在差距中找动力。创新创业、中国制造2025、军民融合等一系列国家战略出台,正是应对这一问题。对创业者来讲,首要的还是优质项目。

(3) 信息互通。

信息成为生产要素的重要组成部分。一开始，经济学家把劳动力、土地、资本、企业家才能作为生产要素，后来增加了技术、信息。在交易费用理论中，交易费用主要包括信息获取、谈判、履行约定和违约处理三方面，都和信息密切相关。当今世界信息高度互联、互通、共享，信息成为商品，甚至成为战略资源。而信息技术的广泛应用加速了信息流动和共享，也极大降低了交易成本。

因为信息互通，社会资源整合和配置的方式及效率大大提高，具有信息属性的盈利模式，因为边际成本极低，远远低于边际收益，很容易实现规模扩张。基于信息互通的新产品、新服务、新商业模式层出不穷，产生了一大批"独角兽"企业。当前，面向信息的竞争已经开始，众多行业巨头在大数据、人工智能领域开始布局。面向信息互通的创业机会充满了多种可能，创业的成本和门槛也在降低。信息技术、大数据、人工智能技术对传统行业的渗透与融合，正深刻改变着各行业的生产组织方式、要素配置方式、产品形态和商业服务模式。信息互通，是创业项目设计的基本条件，而突出信息属性则成为创业项目商业模式设计的基本要求。

(4) 全球化。

经济发展的基本逻辑是优化资源配置，提高投入产出的效率。全球化扩大了这一逻辑的范围，每一个人、每一个组织都有可能在全球范围内获取资源。托马斯·弗里德曼把全球化划分为三个时代：第一个时代（全球1.0版本）从哥伦布起航开启世界贸易开始，这一时期全球化是国家力量在拓展，世界变圆了；第二个时代（全球2.0版本），这一时期跨国公司扮演着全球化的重要角色，世界变小了；第三个时代（全球3.0版本），这一时期的全球化以个人为主，在全球范围内合作与竞争，世界变平了。全球化实现了资本、技术、信息、市场等要素在全球范围内的流动和配置，给创新创业提供了更广阔的生存和发展空间。

人才全球化。海外人才归国已成为常态,《2015 中国海归就业创业调查报告》显示,截至 2014 年,中国留学生回国累计总人数已达 180.96 万人,占出国留学累计总人数的 51.4%。越来越多拥有海外工作经验和全球视野的高端人才回国,中国的经济发展也吸引了许多外籍人士来华发展。

技术全球化。随着经济全球化趋势不断加强,国际技术转移成为技术创新的重要形式,全球化的人才带来了全球化的技术。据调查,2015 年 65.9% 的海归创业者回国创业时从海外带回了技术,58.3% 拥有个人专利。

资本全球化。随着"一带一路"倡议不断推进,全球政治、经济秩序发生了巨大变化。鉴于中国有巨大的经济总量、完整的经济体系、活跃的资本市场,在全球范围内发掘、寻找价值被严重低估的优质资产,再与中国资产、中国市场进行重组和整合,会创造很高的商业价值。目前,一些机构的国际化战略设计就是立足于全球配置资源,把技术、资本、市场结合起来。

中国创业公司的全球化运营正在成为一个重要的创业现象,这些初创企业或从全球范围配置资源、提高企业效率,或在全球范围销售产品,提高产品销量。对于创新创业者来讲,全球化是逻辑的起点,包括资源整合、机会搜寻和潜在挑战。

第二节 它山之石,可以攻玉

大学是现代社会重要功能的组成部分,承担人才培养、科学研究、社会服务任务,大学的类型也在不断发展,在教学型、研究型大学的基础上,成长出了创业型大学。硅谷、128 号公路的巨大成功,使得斯坦福、MIT 等创业型大学成为学习榜样。对于学习榜样,不仅要看到其成功的方法,还要注意其成功的条件。学习内功比学习招式更重要。

关于斯坦福和 MIT 的介绍很多,这里主要从创业角度选取一些内容进行讨论,如文化传统、主要做法、重要历史机遇和重要人物的影响等。

1. 斯坦福

斯坦福和硅谷的互动发展模式是对大学人才培养、科学研究、社会服务职能的完美诠释。斯坦福为硅谷源源不断输送人才,与硅谷高新技术产业间良性互动,在服务社会的同时始终坚持高质量的人才培养和科学研究。斯坦福大学培养了众多高科技企业的领导者及创业精英,其中包括惠普、思科、雅虎、谷歌、耐克、特斯拉、Firefox、eBay 等公司的创办人。今天世界上至少有 5 000 家公司的创办者来自斯坦福。据估算,1990 年以后毕业的斯坦福校友创办了 11 565 家公司,硅谷产值的一半由斯坦福大学毕业生创办的公司完成。截至 2011 年,斯坦福大学捐献基金的资金总额高达 165 亿美元,全校各种捐献基金会有近 7 000 个。在 2010—2011 年,斯坦福大学受资助科研的总金额为 11.5 亿美元。

(1) 文化的力量:鼓励创业。

"自由之风永远吹拂"是斯坦福大学的校训。1885 年,创校捐赠文书对创校目的做了明确阐述:"为学生的个人成功做好准备,并让斯坦福教育在其生活中有直接用处。"斯坦福夫妇在建校之初做了一个打破当时大学传统的决定:同时招收男女学生,办世俗教育和实用主义教育,培养"有教养且有用"的公民。实用主义成为斯坦福大学教育理念的基调。硅谷同样形成了适于高新技术创新创业的文化:鼓励冒险、善待失败、乐于合作。"生活是为了工作"成为区域共识,几乎每个人都在努力创业,都想成为亿万富翁。硅谷技术人员和企业家认为只要抓住机遇,勇于冒险,机会将会永存。区域内人们宽容失败,创业者失败不会有羞辱感。在硅谷,往往一个成功的企业家失败的次数总是多于一般的失败者。据一份斯坦福校友创业情况的官方调查显示,有

29%的校友表示曾创办过企业。"因创业环境而选择就读斯坦福大学"的创业校友人数比例在最近60年以来一直呈上升趋势。从20世纪40年代不到20%,到最近10年比例上升到55%。

(2)**创业教育:课程设置和培训模式。**

科研技术人员创业大多失败率高,准备不足,特别在企业管理、市场营销、财务、法务等方面缺乏基本训练,对行业需求理解不透,还存在产品成熟度低、可靠性差、生产和维护成本高、使用不方便等问题。在实际创业行动中遇到困难容易崩溃。根据一项国内调查显示,大学生创业遇到的障碍中没有社会关系、经验不足占78.9%;缺乏资金、没有方向占68.7%;创业能力不足占43.7%;风险承受能力不够占39.9%;家人、朋友反对的占7.7%。看到斯坦福的创业教育课程体系和教育模式,很受启发。在创业过程中可能遇到的问题培训基本都涉及了,其教育模式接地气,师资课程高端大气上档次,实践训练灵活务实接地气,形式多样,实效性强,春风化雨,润物无声。斯坦福商学院专门成立创业研究中心负责创业教育的科研与教学,承担创业课程开设。

补充阅读:斯坦福大学的创业课程和培养模式

以2012—2013学年为例,该中心开设了38门创业课程,课程门类和名称如下:

基础课程7门:创造和管理——早期阶段创业;创业:形成新企业;创业与风险投资;管理成长中的企业;创业公司车库:设计;连接新企业与市场;创业公司车库:测试与发布。

战略类课程8门:建立管理专业销售组织;社会创业与社会创新;技术与创新战略管理;新创企业工作室;创业型并购;小企业战略;创业资本:融资与估值;发展中世界的新商业模式。

金融类课程4门：创业融资；前沿市场的私募股权公司：创造一个新的可以投资资产等级；天使资本、风险资本融资与决策；私募股权——理解交易。

市场与运营类课程4门：产品发布；创业者的市场研究；极端经济性创业设计；电子商务。

其他课15门：房地产投资；社会创业与全球贫困高级研讨会；创造高级潜力创业项目；家族商业；体育商业管理；人类思维奇异科学；清洁技术：商业基础与公共政策；如何讲故事；故事的商业力量；健康医疗商业创业与管理；体验商业融资；体育营销；现实生活伦理；设计快乐；谈判。

课程主要围绕创业的意识、知识、能力素质，以及实务等几个方面，课程根据发展需要进行调整。教学理念核心是将"前沿理论和现实世界的专业知识"带到课堂上来，主要方法包括**团队教学、研讨式教学、实践教学、在线教学**等。

团队教学。教学团队由数名本校教授和校外顾问教师组成，人数一般为3—5人，力争将前沿理论和实践最新经验带到课堂中。例如谷歌的董事长埃里克·施密特曾与三名来自两家知名风险投资公司的创始人和投资家组成教学团队讲授课程"创业与风险资本"。

研讨式教学。研讨式教学指的是师生围绕某一个创业主题进行讨论。参与讨论者除了斯坦福师生外，往往还有校友中的专业人士。一线创业者或专业人士的言传身教，不仅传授知识，还能形成精神熏陶。创业思想领袖研讨会是斯坦福大学一个每年都会举办的创业研讨活动，该活动的演讲者往往是创业者、全球技术公司的领导人以及相关知名作家。

实践教学。斯坦福创业工作室提供专门工作空间开展创业实践，学校甚至将实践活动直接搬到一些课堂上，例如请苹果公司工程师讲授"iphone应用开发"课程,学生开发应用作品直接发布到苹果应用商城。同时安排学生到一些新创企业实习,直接参与创业实践。

在线教学。斯坦福工学院技术创业计划(Stanford Technology Venture Program,STVP)建立了创业主题的在线学习平台:斯坦福创业角,定期邀请创业领袖做主题演讲与经验分享,并免费开放。演讲有10个主题:创意与创新、机会识别、产品开发、营销与销售、金融与创业资本、领导力与困境、团队与文化、全球化、社会创业、职业与生活的平衡。

斯坦福大学的创业教育和其他功能模块结合构成了一个完善的创业体系,包括各类创业竞赛、学术研讨,以激发学生创新创业意识,同时提供完善的基础设施保障、创业教育组织保障、政策保障、资金保障和质量管理保障,为师生创业提供完善服务。

(3)重要人物的作用。

在斯坦福成长过程中,有一些关键人物和事件值得思考。

斯坦福夫妇,斯坦福大学的创始人。利兰·斯坦福是一位开拓者,富有冒险精神和创业梦想,是美国镀金时代的十大财阀之一、铁路大王,经营港口、金矿、铁路。1861年任加利福尼亚州的第一任州长,在南北战争时带领加利福尼亚州加入以林肯总统为首的北方联盟,1863年与夫人珍妮建立中央太平洋铁路公司。为纪念在欧洲旅行感染伤寒去世的爱子小利兰·斯坦福,斯坦福夫妇捐助了2 000万美元和在帕拉托的3 561公顷土地创建斯坦福大学。1891年10月,斯坦福大学正式成立并开始授课。1893年,老斯坦福因病去世,他的财产也被冻结。斯坦福夫人卖掉了她的铁路股票,将1 100万美元转给大学董事会,帮助大学渡过危机。乔丹校长说:"这所大学的生死命运,千钧一发全系于一个善良夫人的爱。"

戴维·乔丹,斯坦福大学首任校长。1885年,年仅34岁的乔丹出任印第安纳大学的第七任校长,成为当时美国历史上最年轻的校长。经乔丹的恩师——康奈尔大学校长安德鲁·迪克森·怀特推荐,1891年3月,乔丹成为斯坦福大学首任校长。在乔丹主政大学22年间,为学校的发展打下了良好的基础。主要贡献有:组建高水平师资队伍,保证学校的教学质量;重视研究生教育,培养高水平人才;带领师生共渡难关,与大学共命运,包括资金冻结期间的坚持和1906年大地震灾后重建。随着教学质量不断提高,学生人数也在逐年增加,1905—1906年达到了1 786人,这在当时全美来看也是一项了不起的成就。作为斯坦福大学的首位校长,正是他卓有成效的治校实践,为斯坦福大学未来的发展奠定了基础。

弗雷德·特曼,美国斯坦福大学前副校长,被誉为"硅谷之父""电子革命之父"。1924年任电子通信实验室主任,1945年任副校长。1939年,在特曼的指导和支持下,他的两个学生比尔·休利特和戴维·帕卡德在一间汽车房里用特曼借给的538美元做资本建立了公司,这就是惠普公司的来历。1951年,在他的推动下,学校在靠近帕洛阿尔托2.34平方千米的土地上成立了斯坦福工业园区,这是世界上第一个高校工业区。二战后,他认识到二战期间电子学应用的飞速发展,建议校方加强同当地电子产业界的联系,联合惠普等一批公司带动了美国西部的电子产业发展,硅谷成为世界电子产业的标杆。

汤姆·拜尔斯,斯坦福工学院技术创业计划(STVP)创始人。在加入斯坦福大学之前,拜尔斯在硅谷工作了10多年,有丰富的技术产业从业经验。在他的领导下,斯坦福大学的创业教育培养了大量的优秀创业人才。根据调查结果推算,自20世纪30年代起,目前还在市场上存活的39 900家企业能追根溯源到斯坦福大学。这些公司创造了540万个工作岗位,并每年在全球创造的经济收入高达2.7万亿美元,可以排到世界第十大经济体。

尼尔斯·雷莫斯,斯坦福大学赞助项目办公室副主任,技术许可办公室(Office of Technology Licensing,OTL)主任。在采用麻省理工学院首创的第三方模式进行技术转移的15年中,斯坦福大学获得的技术转移收入不超过5 000美元。1968年,雷莫斯主持开展了为期一年的技术转移试点工作,当年收入就高达5.5万美元。1970年,斯坦福大学成立技术许可办公室,雷莫斯创新工作模式,斯坦福大学在1970—2010年的专利许可收入累计达13亿美元。在2010—2011财年,斯坦福大学从600项技术许可中所获净收入达6 680万美元。

(4)把握时机:冷战和斯坦福大学的崛起。

二战是硅谷和斯坦福大学的转折点。硅谷借助战时国防订货得以发展壮大,这场战争也吸引了众多人才来到旧金山湾加入军事工业。与MIT等研究型大学相比,斯坦福大学参与军事研究相对较晚。截至二战结束,斯坦福大学仅获得价值50万美元的军事研究合同,大批人才开始流失。虽然在二战中错失了发展机会,但冷战为斯坦福大学再次提供了发展契机。斯坦福大学开始积极争取联邦政府资助项目,战后一年获得的军事研究经费就超过了二战期间经费的总和。20世纪60年代初期,斯坦福大学约有40%资金来自联邦拨款。1968年,斯坦福大学在联邦获得的研究经费为4 141万美元,在美国大学中排名第二。经费充裕使得斯坦福大学开始有能力招聘高水平学者来校任教,进而创造了更多的研究成果,提高了大学科研水平,赢得了更多的经费支持,进而形成良性循环。

2. 美国麻省理工学院(MIT)

MIT自创立之初在宪章中开宗明义地确立了办学宗旨:协助科技进步,并且积极推进科学研究的商业应用。致力于将教学与科研结合,加速知识资本化,更好地服务经济社会发展。首任校长罗杰斯提出的"Mind and Hand"(手脑并重)成为MIT的校训。在美国所有大学中,MIT的创业历史是较早也较成功的,由MIT师生创办或通过MIT转让专利许可建立的企业总数达4 000多个,有1 000多家企业的总部设在学校所在的波士顿地区,其中80%的企业是以知识创新为基础的高新技术产业,这些企业雇用职工总数达110万人。由MIT校友创办经营的公司年收入总和超2万亿美元,被誉为全球第11大经济体,其中包括通用汽车、英特尔、麦道、德州仪器、3COM、吉列、IDG、雷神公司等。

(1)创业文化:深入人心的力量。

MIT在美国学术界具有独特的地位,它开创了大学与产业联合的模式。早在20世纪30年代早期MIT就出台了"五分之一"原则,允许教师每周可以有一个工作日为产业工作,初步确定了大学参与创业的合理性。这条黄金法则在几十年后被美国其他大学广为采用。MIT还在40年代中期发明了风险资本。时任MIT校长的卡尔·康普顿联合商业界、政治界和教育界的精英,建立了美国研究与开发公司,这是世界上第一个风险资本公司。许多新兴科技公司在风险资本的帮助下应运而生,直接带动了MIT所在的128公路的繁荣发展,到60年代末128公路已经成为闻名于世的高科技产业带,带动了波士顿地区旧产业升级换代,MIT也因此被称为麻省的经济救星。MIT强调"注重实效""促进美国和世界经济发展",体现MIT大学根植社会、富有创业精神的办学理念。

(2)创业服务:机构完善,措施给力。

这些机构既注重理论教育,又注重实践锻炼,还为企业家与创业者提供交流平台,通过资金、提供咨询等服务催生新企业。1990年,MIT设立了10万元创业计划大赛,培育学生创业意识,支持与鼓励学生开创未来优秀企业。至今,该计划培育了120家公司,其中包括10多家利润过亿美元的公司。1994年,全球最多产的发明家之一杰罗姆·莱梅尔逊在MIT创立了莱梅尔逊计划,该计划分设研究生创新奖、重大贡献奖、可持续性发展奖三大类,分别给予3万、5万、10万美元的奖励。除此以外,MIT还有多种多样、各有侧重的创业服务机构。例如开展咨询业务的创业辅导服务、专注于发展科学工程和技术业务的企业家俱乐部、展示热点技术的科学工程和商务俱乐部、提供创业教育和培训的斯隆管理学院以及跨校园组织——创业投资与私募股权俱乐部等。

(3) 值得学习的技术许可办公室。

技术许可办公室(简称TLO),其主要目标是促进新技术、新药品、新设备的开发与应用,基础工作是帮助教师进行发明披露。同时,TLO在加强高校知识产权保护的基础上,积极引导企业经营家、天使资本家等各界人士投资大学研究。近年来,在这些申请商业转化的学术产品中,大约有十分之一的较具市场前景的成果被TLO挑选出来,并由TLO牵头将它们推入市场。通过MIT持续推动的创业激活了波士顿地区的经济发展的活力,为区域创新注入了持续的动力。

(4) 主要经验:把握机遇、积极转型。

MIT创建伊始奠定了创业型大学的文化基因,使得MIT在短短百余年时间内迅速崛起。

第一个阶段:探索期。 1861年,毕业于威廉玛丽学院的著名科学家威廉·巴顿·罗杰斯创立了MIT。在创办初期,MIT发展并不顺利。虽然MIT于1861年获得了州政府的办学许可,但是作为赠地大学,直到两年后才获得赠地,一直到1865年才迎来第一批学生。直到二战前,MIT一直处在艰难的发展过程中,主要困难是资金短缺、师资薄弱。在这段时间,MIT一直存在被哈佛大学吞并的危险。

第二个阶段:发展期。 1917年美国宣布加入一战,军工产业成为巨大市场。MIT抓住机遇,主动承接国防部业务。一战中,近5 000名MIT学生服务于部队,其中军官占比约50%,还有不少于2 300名MIT人在政府部门担任文职官员。二战期间,MIT与军方的合作进一步扩大,参与了包括雷达、航空设备以及核武器等军工研究项目。二战结束时,MIT与军方达成了75项军工合同,在全美高校中排名第一,合作经费高达1.17亿美元,接近排名第二的加州理工学院与排名第三的哈佛大学军工经费之和,赢得了"战争学府"的美誉。

第三个阶段：转型期。经历两次世界大战后，MIT 从教学型大学发展成为研究型大学。之后，MIT 开始全面转型，重视人文和艺术学科发展，实现了 MIT 从理工大学向综合大学的转化，提高学生的人文社会科学素质，培养学生更高的领导才能。二战后，MIT 凭借良好的学术声誉与办学实力，推进科研成果应用，深化教育教学改革，一跃成为世界顶尖高校。

第三节 国内高校的实践

国内大学的产业工作，主要围绕科技成果转化和大学生创新创业两方面展开。

在大学科技成果转化方面，主要有三种力量在推进：一是国家政策引导，学习硅谷，掀起了国家大学科技园建设热潮，学习台湾工业技术研究院，掀起了工业技术研究院建设热潮；二是学校自身资源价值最大化，基于学校技术、人才、项目优势，实施模式输出和品牌输出，主要是大学联合地方政府建设地方工业技术研究院，联合大型企业建设校企联盟；三是教师个人寻求科技成果的价值实现，积极开展横向合作，或者自主创办企业，工作核心是按照价值规律追求价值最大化。同时，按照国家规范校办产业的要求，大学成立校办产业管理平台——投资经营公司。

关于大学生创业工作体系，国内高校也有一个模仿国外，顺应学生需求的发展过程，其中也有政府政策引导的积极推动。大学一开始主要是就业教育，后期才开始启动创业教育。包括开展创业培训、创业竞赛、成立学生双创平台，促进学生就业和创业。目前，还有一个从形式到内容，从概念到落地的完善过程。

关于国内高校的创新创业，特别是科技成果产业化工作，以及学生创新创业服务体系，在形式上基本大同小异。这里不对国内大学的产业化工作做系统介绍，选取一些笔者认为具有特色和启发思考的内容,供大家参考。

1. 清华大学

作为国内顶尖高校的代表,清华大学的产业化有其突出优势和特色。清华大学从国情和学校实际出发建立了完善的科技成果转化体系,包括清华大学与企业合作委员会、清华大学科技开发部、清华大学海外项目部、清华大学国际技术转移中心、产学研合作办公室、地市合作研究院、企业联合研发机构等合作平台。同时积极创办高新技术企业、形成"产业+金融"互动模式。清华控股有限公司间接和直接持有包括同方股份、紫光集团、启迪控股、诚志股份等十余家上市公司。截至 2014 年,清华控股总资产规模达到 1 425 亿,营业收入达到 604 亿,累计向国家纳税超过 72 亿元,年均提供就业岗位 3 万余个。

主要特点:**一是去行政化,按产业规律办事**。通过混合所有制等改革,为企业获得更大自主权,主要操作方法是资产基金化、公司市场化、人员社会化。充分用好高校办企业的天然优势,同时有效克服与生俱来的软肋。这个调整是对市场规律、人心人性的尊重,有效克服障碍,充分释放潜能。**二是发挥品牌价值,推进模式复制**。利用清华大学的品牌影响力,以及技术、人才、项目资源优势,和各地方政府、社会企业开展广泛合作,获取发展资源。在地方政府的合作方面,设有深圳清华大学研究院、河北清华发展研究院、浙江清华长三角研究院、北京清华城市规划研究院、清华大学建筑设计研究院、临床神经科学研究院、技术转移研究院等多家研究院。**三是立足高远的创业教育**。早在 2003 年,据清华大学研究生团委介绍,该校学生就业教育的重点是面向国民经济主战场,鼓励学生进入重点企业、重要部门、重要地区。经过多年积累,这些人大多有所作为,形成了巨大的影响力和资源整合能力。类似于斯坦福大学注重理论和实践结合,清华大学启迪创业学院邀请校内教授、创业投资家、创业成功人士登台授课,创业课程覆盖创业过程中的每个环节,从商业计划书写作到如何管理一家企业。清华大学开展创意、创新、创业三创融合教育,如未来兴趣团队鼓励探索发明,创客空间鼓励创新。依托工程实践教学基地 i-center 开发原创性产品,另外还有 X-lab 和"创+"等学生的创业平台。

2. 浙江大学

浙江大学有"中国最爱创业的高等学校"的美誉。在浙江和杭州创业领域有浙大系、浙商系、阿里系和海归系,被称为创业"新四军"。其中,浙大系始终以其低调务实著称。在浙江大学 120 周年校庆发布了《2017 浙江大学创新创业生态蓝皮书》,统计了包括上市企业现任董事长、总经理级别有 419 位浙大系企业家,共掌控 393 家上市公司,总市值 65 856 亿元人民币。目前,浙江大学圆正控股集团有限公司下属全资、控股企业 66 家,参股企业 150 余家,其中包括浙大网新、众合科技、网新兰德等上市公司。

主要特点:**一是顺应经济规律,及时完成产业管理体制市场化转型**。2004 年,启动了高校校办产业管理体制改革研究,2005 年制订《浙江大学投资控股有限公司组建方案》上报教育部,当年获得批复,同年 12 月 8 日,浙江大学投资控股有限公司正式成立。通过理顺资产关系,规范治理结构,浙江大学的产业从单纯的行政管理转变为资产管理模式,建立了新型的高校产业管理体制。**二是发挥优势资源和品牌价值**。浙江大学国家大学科技园创建于 2001 年,是经科技部、教育部联合批准的国家级大学科技园,也是国家高新技术创业服务中心。下辖宁波、长兴、温州、江西四个分院。园区内有杭州国芯科技有限公司、杭州浙大三色仪器有限公司等优秀企业。浙江大学工业技术研究院成立于 2009 年 4 月,下辖苏州、常州、包头三个分院,设有 10 个研究中心。同样基于学校人才、技术、项目优势,实施品牌和模式输出,形成业务布局和资源整合,获得持续发展优势。**三是形成富有"浙大特色"的大学生创新创业体系**。浙江大学将创新创业教育融入人才培养全过程,培养了一大批创业先驱和典范。丰富优质的企业、校友资源,加之紫金众创小镇、国家大学科技园、创新创业学院、创新创业研究院等平台资源,给浙江大学学生提供了良好的创业成长环境。如果说"浙大系"企业家导师"传帮带"帮助学弟学妹们提升了创业实战的经验和能力,那浙江大学"全链条式"的创业教育体系则为浙江大学学子提供了全方位扎实理论实践基础的学习平台。基于多学科综合交叉优势和创新创业资源优势,浙江大学探索出了"大学校区-科技园区-工业产区"三区联动的体制机制和模式创新。

3. 哈尔滨工业大学

哈尔滨工业大学作为一所传统的工科强校,在国防航天和工程技术领域有突出的技术、人才、成果优势,虽地处东北,但是科技产业化成效显著。哈工大资产投资经营有限责任公司作为学校产业管理平台,下辖哈尔滨博实、哈尔滨工大奥瑞德光电等几十家参控股企业,部分企业以其突出技术优势成为行业龙头。

主要特点:**一是产业是校园文化的传承**。哈尔滨工业大学的办学特色是立足国防航天,面向国民经济主战场,服务地方经济。"规格严格、功夫到家"的校训深入人心,成为哈工大人的文化基因。哈工大人做产业也反映了这一特点。**二是立足工科优势促进成果产业化**。作为工科强校,下属企业主要涉及计算机及通信、能源及交通、新材料及材料设备、机电一体化、建筑及环境等领域,孵化项目科技含量高,市场前景好。包括国家大学科技园、工业技术研究院等平台,其产业化充分发挥学校工科优势,包括博实股份、奥瑞德光电、工大机器人集团等一批知名企业。工业技术研究院成立以来,也成功孵化出哈工大机器人集团、哈工大大数据集团、哈工大环境集团、哈工大智慧农业集团、哈工大焊接产业集团、二炮-哈工大利剑产业园、中电集团激光通信项目等企业和项目。**三是注重学生创新创业培养**。学校成立了哈工大大学生创新创业园、哈工大校友创业俱乐部、(威海)大学生创新创业基地,为创业提供创客空间、创业企业孵化器、创业咖啡和创业导师办公室、风投基金办公室、服务管理办公室、电子机械加工平台、会议室等公共服务空间。近年来,涌现出了"红领巾""火柴人""HRT车队""万洲焊接"等一批优秀创业团队。学校多年前就设立了创新创业学分,开设了39门创新实验课、354门创新研修课、19门创业类课程,依托院系建立了15个科技创新基地和8个创业基地。

4. 东北大学

东北大学的产业工作值得关注。据统计,2016年东北大学高新技术企业集群实现收入123亿元,净利润22亿元。在教育部发布的高等学校校办企业统计概要公告中,东北大学科技产业多次排在全国前三位,在科技部发布的全国技术市场统计年度报告中,东北大学近三年输出技术成交额排名全国第一。东北大学校办产业中,业务主要涉及计算机及软件、数字化医疗、自动化及仪表、装备制造、冶金新材料、节能环保、综合服务等领域。

工作特点:一是产业工作起步早。20世纪80年代末,东北大学借沈阳市政府建设南湖高新技术开发区之机创办科技园,1992年成立东北大学科技园;2005年东北大学资产经营公司成立,将东软集团等30多家校办企业全部划拨到资产公司,理顺管理关系。**二是平台功能完善**。先后创建了多个大型服务平台,为孵化企业提供平台资源。其中科技孵化服务平台被认定为"国家高新技术创业服务中心",东北大学积极探索以折算股权方式提高成果转化后的市场竞争力。这种方式降低了出资人的风险,也推动成果持有人参与产品推广。**三是构建了"五位一体"创新创业教育实践体系**。以学员为中心,遵循"校内学、校外练、做中创"的培养思路,举办创业先锋班,通过开设系列创业教育课程、组建创业导师团队、设立创业专项基金、搭建学生创业基地、开展学生创业文化节等丰富的创业教育实践活动,对学生开展"创业精神""创业知识""创业实践""创业技能"的系统教育。

东软集团是东北大学产业工作的代表,有两个人值得一提,一位是担任过东北大学党委书记、校长的蒋仲乐,他选择了当时年仅33岁的刘积仁教授作为学校软件产业带头人。另一位是刘积仁的导师李天华教授,他悉心培养了刘积仁并大度让贤。是两位伯乐成全了刘积仁,才有了后来的东北大学软件中心,东大阿尔派软件股份有限公司。

5. 西北工业大学

西北工业大学作为国防科技老牌学校,技术、人才、项目优势突出,在产业化方面效果显著。西北工业大学资产经营管理有限公司下辖西安鑫垚陶瓷复合材料有限公司、西安鑫鼎实验室仪器设备有限公司、西安西工大思强科技股份有限公司、西安西工大超晶科技发展有限责任公司、西安市西工大高商智能科技有限责任公司、西安三航动力科技有限公司等49家企业。

主要特点:一是起步早,二是突出军民融合,三是和资本充分结合。西北工业大学是国内较早成立工业技术研究院的学校,2005年12月,由陕西省人民政府、西安市人民政府、国防科工委、西北工业大学、各军工集团公司,以及在陕的军工企事业单位发起成立了西北工业技术研究院,学校重点围绕军民融合开展创新创业,西北工业大学设立专家成果库、投资人库、政府企业需求库,引入社会资本,促进国防项目团队创业,形成了"高水平、硬科技、军民融合"为特色的成果转化双创模式。为了加快融投资体系建设,学校组建了基金管理公司,设立种子、天使、产业化基金,完善产业化链路中各类资金支持环节。对所运营股权在科学评估的基础上,利用社会资金、风险投资等建立通畅的资本"投入—撤出—再投入"的良性循环发展机制,有序进退,用于学校产业发展和回报学校。截至2016年底,以专利技术作价总额达到1.229亿元,参控股企业30余家,其中高新科技企业20余家,企业总资产超过45亿元。

6. 上海交通大学

上海交通大学成立于1896年,经过100多年的发展,上海交通大学已经成为一所"综合性、研究型、国际化"的国内一流、国际知名大学。上海交通大学在产学研合作和提高自主创新能力方面,围绕校企合作,通过学科链对接产业链,突出学科优势和人才优势,逐步形成了具有交大特色的产学合作模式。学校产业平台发展出了上海新南洋股份、上海交通大学昂立股份、上海交通大学慧谷信息产业等上市公司股份。

主要特点:**一是突出上海总部经济和金融中心的作用**。和产业龙头密切合作,建设校企战略合作联盟,共建联合研发平台。近年来,上海交通大学与宝钢集团、中石化、中海油、中国电信、国家核电、中广核、中国商飞、中航商发、上海电气、上海汽车等企业在关键技术研发、创新人才培养等方面开展广泛合作;与数百家行业骨干企业开展联合研发和技术攻关,成效显著。**二是发挥学校技术、人才、项目优势**。积极实施品牌和模式输出,和地方政府、行业部门联合建设工业技术研究院。按照"政府推动,高校支撑,市场主导,开放运作"的模式,设立产业技术研究院,在上海建设了上海慧谷白猫科技园、上海上生慧谷生物科技园、上海新慧谷科技产业园、上海交通大学嘉兴科技园、上海慧山科技园、上海交通大学金桥科技园等。另外,在深圳、无锡、常州、大理、苏北等地设立科技园,同时和行业单位设立系统生物医学、高等教育、人文艺术、自然科学、转化医学等研究院。**三是大力构建创新创业生态**。由上海交通大学、闵行区政府和上海地产集团三方共建的"零号湾全球创新创业集聚区",整合政策、人才、资金、管理和市场需求等资源,为创业者提供一条龙的工商、税务、财务、法律、人脉、政策、基金、配套设施、增值服务等公共和中介服务。为创业者提供适合初创业起步的生态园区,以及相应的创业加速器和接力园,实现从单一孵化平台向多元化创业生态体系的升级,打造多样性创业孵化器生态链。

第四章　应知应会:相关法规

第一节　企业三法
第二节　《促进科技成果转化法》
第三节　国资管理

针对体制内科技工作者创业实际,从实践角度总结企业三法(《公司法》《合伙企业法》《证券法》)、《促进科技成果转化法》、国资管理等相关法规的操作要点,避免因为不了解,或不重视为后期发展埋下隐患。

体制内的科技工作者创业,在出发之前要做好相应的准备工作,了解和掌握一些应知应会的基本事项。其中,相关的法律法规及其在实践中的要求,需要创业者高度重视。从一开始的投资协议、公司章程,到过程中的合同协议、规章制度、投资并购,再到以后可能的上市等事宜,都离不开和法律法规打交道。结合创业过程中涉及的基本法规,针对体制内的创业者,本章主要从实务角度进行讨论。

第一节　企业三法

科技工作者由于其良好的教育背景和系统训练,一般对文字内容要求比较严谨,在创业上也是如此。表面上看,科技工作者的法律意识都很强,不过事实上常常相反,他们对法律问题的重视程度并没有他们自己以为的那么高。在很多情况下,科技工作者更愿意按照自己的经验和逻辑去理解法律。科技工作者创业,从思维习惯上对法律事务"一开始是抗拒的"。但科研有科研的方法、创业有创业的套路,经典物理学有牛顿三定律,创业实践中也离不开"企业三法"。

与创业密切相关的法律法规有三部:《公司法》《合伙企业法》和《证券法》。建议创业者对前两部法规做到通读、理解,乃至熟悉。实际上,从笔者的调研来看,能做到的人寥寥无几,特别是《合伙企业法》,很多创业者甚至都没有听说过。科技工作者很多都具有博士学位,写过博士论文,看过百万字以上的文献,对一些专业书籍和公式可以做到烂熟于胸,可是对于创业中最重要的法律法典却了解不够,遇到问题再上网检索。如果大家知道,一部《公司法》一共只有219条(2014年3月1日实施的新《公司法》),不到2.5万字,但仅2016年一年中涉及《公司法》的案件总数就有50万件,那么大家的认识会不会发生变化呢?而《合伙企业法》仅有109条,不到1万字,却是可以实现科技工作者梦寐以求的分利不分权的最重要的法律依据。如果大家还知道合伙企业同时也是合理避税、保税的重要方式,那是不是值得认真学习呢?至于《证券法》,这是指导证券市场的唯一一部法典,证券化与创业关系密切,一般从引进投资开始就实质性发生关系。我们把企业上市又称作股权证券化,很大一部分创业成功的重要标志就是证券化,也就是把自己手里的股权变成股票,可见《证券法》的重要性同样不言而喻。

为精炼篇幅,笔者在此不对三部法律进行解读,请读者自行查询三部法律的原文。在此列举一些和科技工作者创业密切相关的内容,其依据就是这三部法律。这些内容用好了,对体制内的科技工作者创业很有帮助,能解决许多大家关心的问题。

1. 可以"同资不同股,同股不同权"

根据《公司法》规定,在有限责任公司中,股东在股东会会议的表决权,按照出资比例行使,除非公司章程另有规定(《公司法》第43条);红利的分配权以及新增出资的优先认购权,将根据其实缴的出资比例享有,除非全体股东约定不按照出资比例行使(《公司法》第35条)。一般情况下,有限责任公司股东应按出资比例分取红利、享有股权及优先认缴出资。但实践中考虑到股东在公司运营中的不同作用或其他因素,存在全体股东约定不按出资比例享有股权及进行利润分配的情形,这属于公司自治的范畴,只要是各股东真实意愿,通过公司章程明确应认定为有效。

但是对于股份有限公司股东表决权的行使原则,我国《公司法》第104条规定,股东出席股东大会,其所持有的每一股股份均有一次表决权。这是公司法上的强制性规定,不允许在法律之外由当事人做任何形式的限制。

2. 关于股东认缴责任和相关权益的约定

因为股东出资有认缴出资和实缴出资的区别,工商登记时会根据认缴出资确定各股东的持股比例,但根据股东意愿,对于股东权益和认缴责任的关系,可以在章程中约定,即是按照认缴出资还是实缴出资来行使股东权利。笔者建议,针对创业团队与企业法人共同出资设立的公司,尤其是科技型初创公司,按实缴出资行使股东权利为好。以企业法人出资为主作为公司启动资金,创业团队可以按一定比例实缴出资持有原始股,同时承担了作为股东的出资义务和作为企业管理者把公司运营好的责任,和公司共进退。创业团队"欠"公司注册资金的"债",由团队对公司做出贡献所取得的工资或奖金来"还",既绑定了股东与创始团队各方利益,又确保企业法人股东(有时是国有资产,简称"国资")的合法权益。

3. 重视股权的作用

股权即股票持有者所具有的与其拥有的股票比例相应的权益及承担一定责任的权利。股权对应的权利包括所有权、表决权、收益权、处置权、知情权和质询权,以及剩余索取权等。创业者要重视股权的作用。

（1）股权就是控制权，每个公司都可以从股权结构上找到"实际控制人"，而"实际控制人"决定了公司"谁说了算"、企业性质以及未来可能的发展方向。

（2）股权是利益分配的初始条件，"为谁干"是创业的原动力，股东们都是为了公司盈利或者未来盈利才决定出资，核心团队会因为自己的利益（股权激励）和公司利益一致才更努力工作。

（3）公司股权具有三大功能：对外融资、对内激励、整合资源。关于这几项功能在后面会介绍，就不在此展开了。

因此，公司股权结构和关系设计必须科学、严谨。

4.股权结构的设计

关于创业公司的股权结构设计，要注意创业团队控制权的保护。新《公司法》对股东权利保护很强，股东身份很难被剥夺。从《公司法》角度来讲，企业很多决策需要股东会决议，特别还有约定全体股东签字的事项，而一个小股东不签字，就会导致决策缓慢，甚至企业无法运营。在此特别建议，初期股权最好集中。如果有必须激励的成员，建议股份代表的决策权和收益权分开，用好有限合伙企业和表决权委托这两个工具。为解决此种情况，在此建议两种解决方式：一是把员工持股放在有限合伙企业中，让员工做有限合伙人（LP），管理团队做一般合伙人（GP），让广大员工分享公司发展带来的红利，但公司决策权要保留在创业者手中。二是给出股份收益权但保留表决权，员工向管理团队做表决权委托。

结合笔者的实践和思考，以及看到的一些实际情况，股权设计有一些注意事项，根据公司设立时的股东人数，可以参考以下结构进行设计。

（1）**两个股东**。应当避免50∶50（均分），65∶35（一票否决，博弈型），95∶5（创始人吃独食）。建议70∶30或80∶20（老大清晰，快速决策)。

(2) 三个股东。应当避免33∶33∶33(均分);95∶3∶2(吃独食);40∶40∶20(两个老大);49∶48∶3(被小股东反制)。建议70∶20∶10或60∶30∶10(老大清晰,快速决策)。

(3) 四个以上股东。类似的应当避免:25∶25∶25∶25;90∶4∶3∶3。建议70∶20∶5∶5;67(创始人)∶18(合伙人)∶15;51(创始人)∶34(合伙人)∶15;或者34∶51(3个合伙人20∶16∶15)∶15(员工股)。

上述设计的基本原则是保护创始人对项目的控制权,又能够充分整合资源,调动其他股东的积极性。

5. 注册资本的规模

注册资本是成立公司时工商登记的几个要素之一,通常会被直观地看作企业的资金实力。2014年3月1日新《公司法》实施后,有限责任公司的营业执照应当载明公司的名称、住所、注册资本、经营范围、法定代表人姓名等事项,不再要求登记实收资本,工商对实收资本也没有金额上的要求,甚至没有实缴出资也可以拿到营业执照,缓解了股东的出资压力,但未免去其出资义务和公司作为独立法人应承担的有限责任,是一种更人性化的调整。

股东对注册资本的出资金额、出资形式和出资时间,会以股东协商的结果写进公司章程,并且公司章程要在工商管理部门登记备案,备案的公司章程就会作为这个公司的"基本法",关于公司章程会在后面讲到。

有限责任公司的注册资本多少为好? 简单说四个字:够用就好。主要考虑以下方面:一看公司的资金需求,股东一旦出资后,这部分资产就属于公司,可用于支付人工工资,购买土地厂房、生产设备、原材料,以及其他日常支出,每一分钱都要发挥价值,产生贡献。二要看公司做多大的生意,能承担多大的责任,如果一个公司注册资本5万元,要你发20万元的货,就要考虑对方的信用和履约能力,因为对方承担债务的法定责任只有5万元,如果不还钱你至多能要回5万元。一般在招投标时,会对投标方的注册资本金有要求,就是考虑了投标方要有履约能力。同时要量力而为,不要让股东和公司背负太大的风险,如果是做几十万的生意,非要把注册资本做到1 000万元,一旦公司有较大的债务,各股东就要按照出资额为限,共同承担债务了。

公司的注册资本是公布于外的,出资形式和股权结构则是股东的内部约定,虽然在公司章程中登记并备案,但股东之外的人并不能直接查询。目前,通过软件可以查询到各股东的认缴出资额,但是查不到股东的出资形式。

6. 注册资本的出资形式

股东出资形式主要有:货币、实物、知识产权、股权及土地使用权。其中货币最实惠、最便捷。

知识产权出资存在争议,其价值既体现从过去到现在的积累,又体现对未来盈利的贡献,因此也难以准确评估,尤其是诞生于高校或科研机构的知识产权,除了相对容易计算的人工成本,还有很多公共科研资源等间接成本。知识产权有价值是因为可以创造价值,所以笔者倾向于按照"收益法"评估知识产权出资的价值,资产评估收益法是指通过估算被评估资产的未来预期收益并折算成现值,借以确定被评估的资产价格的一种常用的评估方法。

我们再透过知识产权出资形式看其本质:用无形资产出资的股东一般是创始团队,专利的价值本质是这些人的价值,是其他股东对持有专利的研发团队或科研机构的认可。只有发明人才能赋予这些知识产权以价值,才能持续不断地输出技术以推动企业的发展,否则,躺在高校和科研机构账上的知识产权,只会产生每年的专利费,而不会产生价值。所以,从大量的实际案例来看,只有和人绑定的知识产权才能换到股权,其他知识产权企业花钱买就好了。

7. 法定代表人

公司法定代表人依照公司章程的规定,由董事长、执行董事或者经理担任,并依法登记。公司法定代表人变更应当办理变更登记(《公司法》第13条)。因此,担任董事长、执行董事或者经理,是成为公司法定代表人的首要条件。

一是董事长兼法定代表人。对外代表公司以董事会为主,或者说公司行为后果的最终个人承担者是董事长,因此要求董事长对公司日常经营情况比较熟悉,而且有相当高的威信,董事长必须是内部董事长而非外部董事长,在公司坐班,这样才能有足够的时间和精力来关心公司的运作情况,处置例外事项。

二是总经理兼法定代表人。对外代表公司是以经营层为主,或者说公司行为后果的最终个人承担者是总经理。通常因为董事长是外部委派,一般不在公司上班,董事会更多地履行决策和监督职能,而且需要总经理在日常的生产经营方面履行更多的职责。

总结为一点,法定代表人意味着更多的职责和承担最终的后果,由熟悉公司运作的人来担当才是对公司和股东负责任。

8. 重视董事会的作用

实践证明,一个有效的董事会对公司治理至关重要,特别是在股东所有权和对公司实际控制权分离的情况下,董事会是监督经理人、维护股东权利的有效机构。

第一,如果没有董事会,公司的有限责任制度可能会被股东滥用,倾向于过度冒险、膨胀、掠夺,而不利于公司安全和真正的发展。有限责任制度的好处是扩大了股东合作范围和边界,促进了与陌生人合作,促进股东承担新的事业风险。但如果缺乏相应的约束,则会刺激股东过度冒险,把有限责任制当成掠夺债权人和公司其他利益相关者的一个工具,董事会就起到防火和隔离作用。所以,公司制企业中,法律上引入董事的概念,为在公司提供有限责任好处的同时,设立一个追究无限责任的通道。作为股东,你可以在财务上享受收益和增值,享受有限责任的保护,但是如果你胡作非为,肆意妄为,则追究你作为董事、董事成员的责任,从这个角度来看,董事会对有限责任的公司制起到校正的作用。

第二,有限责任制度扩大了股东之间的物质资本或货币资本的合作边界,这样一来不认识的股东就可以合作,共同投资和拥有一家公司。如果股东数量众多,有的股东可能没有时间参与公司经营管理,有的股东有钱但未必有经营管理公司的才能,董事会制度进一步扩大了拥有物质资本的"富人"和拥有才能的"穷人"之间的合作边界,也弥补了股东才能和精力的不足。所以,这时有必要有个代理人去集中管理企业,即形成董事会制度。

第三,有了董事会制度,公司的重大决策由董事会做出,而不是由一个人说了算,加上董事会成员有不同的专业背景、互补的知识技能结构,董事会成员从不同的角度去分析、讨论,甚至是质询,因此大大提高了决策的质量。可以说,董事会决策实际上是民主制度在公司中的实际运用和体现。没有完美的个人,但可以有完美的团队,董事会可以是一个相对完美的团队,只要这个团队按照既定的议事规则讨论并制定决策,就可以提高公司决策质量,避免"超人""能人""强人"的决策失误。

总之,作为现代意义的公司,董事会是公司顶层设计结构的中心,它连接着股东、经营层和其他利益相关者,对股东负担起核心和关键的责任。

9. 出资协议和公司章程的区别

公司章程是公司的组织以及运行规范。我国《公司法》第十一条规定:"设立公司必须依法制定公司章程。公司章程对公司、股东、董事、监事、高级管理人员具有约束力。"因此,公司章程是公司的必备文件,是公司的根本法或公司宪法。公司股东为成立公司而签订的协议书,一般被称为公司设立协议或出资协议。这是在公司设立过程中,由出资人为明确各方之间的权利义务而签署的合同。

公司设立协议与公司章程的目标是一致的,都是为了设立公司。两者在内容上也常有雷同或相通之处,例如都约定公司名称、注册资本、经营范围、股东出资与比例、出资形式等等。但是两者在法律性质和功能上还是有巨大差别的。

(1)公司章程是公司必备文件,而公司设立协议是任意性文件。

(2)公司章程的作用范围包括股东、公司以及公司内部组织机构与人员,而设立协议仅仅是股东之间的任意性合同,需遵守合同相对性原则,其作用范围仅限于签约的主体之间。

(3)公司设立协议主要是在公司设立期间发生法律效力,一般认为是从设立行为开始到公司成立为止。而公司章程则是从公司设立开始的公司整个存续过程,直至公司解散并清算终止时。

通常公司章程以设立协议为基础制定,如果二者存在不同,该如何解决呢?

(1)如发生冲突,应以公司章程为准。一方面由二者的效力期限、时效性判断;另一方面,设立协议是内部协议,除参与签约的股东之外,甚至公司董事等高级管理人员都不会知道其内容,而公司章程是公开文件,我国《公司法》第97条、98条还特别规定,公司公开发行股票或公司债券必须公开披露公司章程。公司章程的公开性有助于投资者、债权人以及交易对象了解公司的组织与运行,并据此做出判断,所以对公众而言，章程的效力也必须高于公司设立协议。

（2）如公司章程中未规定的事项，股东在公司设立协议中予以约定的，该约定对签约的股东继续有效，但其法律效力仅局限在签约的股东之间。另外，对于《公司法》明确约定"公司章程另有规定的除外"之条款，股东之间如需另行约定的，必须在章程中予以明确，公司设立协议不具备排除法律适用的效力。例如《公司法》第四十三条："股东会会议由股东按照出资比例行使表决权；但是，公司章程另有规定的除外。"如公司章程中未做特别规定，即使股东在公司设立协议中约定不按出资比例行使表决权，也不能对抗该法律规定，即股东仍应按出资比例行使表决权。

综上，公司治理以公司章程为准，如公司章程与出资协议有冲突，也应以公司章程为准；如公司章程未约定事宜在出资协议中有约定，则可以视为公司股东之间的对公司章程的补充约定，在不违背《公司法》和公司章程前提下，对签约的股东依然有效。

10. 股东不和怎么办

有限责任公司股东之间不只是"资合"，还具有"人合"的属性，股东之间的关系处理不好，互相掣肘或者反目成仇都屡见不鲜。说到这里再强调一下股权设计的原则：一股独大、快速决策。真遇到股东不和怎么办？早发现早解决。即使持股比例只占1%的股东，虽然通常不会影响到公司的决策，但是通过行使股东权利也可以知晓公司的核心商业秘密，如果心不在一起，对公司会有很大的隐患。

怎么解决？积极的方式是主动沟通，由其他股东购买这部分股权，因为股权的价值会随着企业发展而增长，所以要早发现早解决，越早谈越好谈，否则对公司后续融资也是个隐患，尽早卸下包袱轻装上阵。

要是不和的股东又难以沟通呢？非常遗憾，没有好办法，而且新

《公司法》颁布以后,原始股东的股东权利是被过度保护的,除非他愿意自行退出,否则,没有任何办法强制退出。所以笔者建议,要特别谨慎地选择发起人股东,股东之间产生纠纷,股东与管理层之间的互不信任会严重导致企业经营不畅,甚至倒闭。具体表现如下:

(1) 对重大决策的影响。

企业很多重大决策的生效需要股东会决议,股东会决议本身可以按照《公司法》和公司章程的约定,达到《公司法》和公司章程约定的生效表决比例即可,但是有很多时候,会被要求出具全体股东签字,特别是某些地区的工商和国资管理部门会时不时提出这样的要求。而一个小股东不签字,导致企业无法上市的先例笔者也见到过。按理说企业上市会给原始股东的投资带来几十倍甚至上百倍的回报,但是可惜的是,当一个小股东的签字可以决定所有其他人巨大的股权增值和变现的时候,这个小股东想要的就往往不仅是自己的原始投资的增值和变现了。

(2) 对经营管理的影响。

企业的股东会、董事会、经营层三层架构是历经一百多年时间考验的企业治理架构,所有权人和经营人经过权利执行和监督人的隔离,不但保障了经营充分授权下的经营效率和积极性,也保留了所有权人质疑和修正的权利,但这一切的基础是三层架构在法律框架下被有效执行。可惜的是,很多企业无法做到这一点,其中一个重要原因是两千多年的强权治理下的中国历史,造就了国人基因中显著的敏感而焦虑的性格特征,股东层的蝴蝶们扇动一下翅膀都会造成经营层的惊涛骇浪。当然,偶尔也有例外,就是无股权的管理层有极强的沟通能力,自下而上地保障股东层的意志稳定,可惜这样的例子太少了,具备这样能力的管理层,往往不愿意在这样的企业里谋生。

11. 保障创始人的控制权

随着企业不断发展扩张,会通过股权融资引进新的投资人,也会拿出部分股权给管理层或员工做激励,创始人的股权就会被不断稀释,甚至有可能失去控股股东地位,那么如何保障创始人对企业的控制权呢?

(1)表决权委托。

表决委托权是股东基于股东地位享有的,就股东会、股东大会的表决权可委托任何有民事行为能力人代为行使,当然也可以委托其他股东行使表决权。根据委托人的授权,受托人有权按照自己的意思对决议事项进行表决。有股东出具表决权委托书即可。在融资时引进投资人,可以将其持有股权对应的表决权委托给创始人,从而实现"分利不分权",包括给管理团队股权激励的持股平台、员工持股平台,都可以把表决权委托给创始人,从而实现创始人对公司的实际控制。

(2)一致行动协议。

创始人可以与后续投资人签署一致行动协议来保障创始人的控制权。一致行动是指投资者通过协议或其他安排,与其他投资者共同扩大其所能够支配的一个上市公司股份表决权数量的行为或者事实(《上市公司收购管理办法》第83条)。在上市公司的收购及相关股份权益变动活动中,有一致行动情形的投资者,互为一致行动人。

需要注意的是:表决权委托和一致行动协议有本质差别,表决权委托在股东会时是需要明确有委托协议的,其他股东可见,受委托的股东代替委托股东行使表决权;而一致行动协议只在必要时对外出示,也就是说,其他股东可能不知道某几方股东签署了一致行动协议,直到有一天对外披露时其他股东才会知道。另外,如果在一致行动协议的有效期内,一致行动人做出了相反的表决,律师会认为该一致行动协议是无效的。

关于创始人失去控制权的案例有很多,读者有兴趣可以去看看知乎的一篇文章《创业及融资中的股权争端》。

12. 关于"有限合伙企业"

(1) 基本含义。

合伙企业是指自然人、法人和其他组织依照《中华人民共和国合伙企业法》在中国境内设立的、由两个或两个以上的自然人通过订立合伙协议,共同出资经营、共负盈亏、共担风险的企业组织形式。合伙企业一般无法人资格,不缴纳法人所得税但应缴纳个人所得税,类型有普通合伙企业和有限合伙企业。合伙企业可以由部分合伙人经营,其他合伙人仅出资并共负盈亏,也可以由所有合伙人共同经营。

许多融过资的公司,其股东中会出现"××合伙企业(有限合伙)"这样的名称,一般会表明两件事:一是有投资机构给公司投资了;二是公司已有股权激励计划。那为什么这两类事件会采用"有限合伙企业"来实现呢?

有限合伙企业至少有 1 名 GP,承担无限连带责任;1 名以上 LP,以出资为限承担有限责任。如果是在中国证券投资基金业协会(简称中基协)备案的有限合伙企业,通常被称为"基金公司"。基金公司的运营逻辑是:有专业的投资管理人 GP,管理合格投资者 LP 的出资;GP 负责有限合伙企业的发起设立、募集资金、投资决策、投后管理、退出变现等一系列事务,做到钱权分离,出资人 LP 不参与合伙企业的日常事务,全权交给 GP 投资管理。等到投资从项目退出时,在返还 LP 出资成本后,再对超额收益部分按比例分成(通常 GP 分超额收益的 20%,其余 80% 由各 LP 按照出资比例分配)。

(2) 投资公司用"有限合伙"对目标公司投资的好处。

第一,合伙人优势互补、权责明晰。 富有经验的基金管理人以好项目吸引有钱人出资,投资项目的超额收益,大部分归出资人,小部分归基金管理人,出钱的不参与管理,管理者"借鸡生蛋",各方充分利用自己的优势创造价值并分配收益。

第二,专为投资目的而生,非永续经营。此类合伙企业的资金主要用于投资项目,其实是投资项目的某一阶段。有专门投资初创期的天使基金,有投资高速成长期的风险投资(VC)基金,也有以标的公司上市退出为目的的股权投资(PE)基金等;对合伙企业来说,其存续期可以灵活约定,通常5—7年,完成"募—投—管—退"一个周期后,合伙期满,即可解散清算。如果换成有限责任公司,其组织形式不适合专门对外投资;可用于投资的资金主要为自有资金,不便于吸收社会资本,投资规模受限;不设置严格的存续期,将导致投资项目周期不可控,战线越拉越长。

第三,有利于节税。合伙企业以每一个合伙人为纳税义务人,合伙人是自然人的,缴纳个人所得税;合伙人是法人和其他组织的,缴纳企业所得税。合伙企业相比较有限责任公司,其本身不缴纳企业所得税,因此避免了双重课税。

(3)有限合伙企业在股权激励方面的便利。

对高速发展的创业企业来讲,股权激励的主要目的是绑定核心团队利益,让大家能分享企业高速发展带来的红利,也就更有动力为公司全力以赴。但如果激励个体较多,并且都持股,就会给公司增加很多股东,对公司运营、决策等带来很多不便。激励的目的是让核心团队分享利益而不是参与决策,这时有限合伙的作用就很明显了。一般情况下有限合伙企业的实际控制人是GP,其派出的执行事务合伙人代表有限合伙企业执行合伙事务,因此,虽然GP在合伙企业中出资比例较小,但却集中了整个有限合伙企业的表决权,以有限合伙企业作为核心团队的持股平台,持有目标公司股权,可以集中行使团队的表决权,提高决策效率。此外,通过有限合伙企业持股,还可以防止团队不稳定给公司带来的风险。如果股权激励受益人直接持有公司股权,那他将获得《公司法》和公司章程约定的股东权利,公司就多了一个风险可能。公司需要的是各司其职,而不是人人参政议政。通过有限合伙来做团队持股平台,其表决权可以由创业者所掌控,分利不分权,对公司的稳定发展具有重大意义。

对创始人来说,依据《公司法》打基础,制定治理结构,规范公司运营;凭借《合伙企业法》聚拢团队和吸引投资人,保障公司可持续发展;等发展到一定规模,开始准备上市发行股票,就要学习《证券法》,在一套新的体制与监管下吸收公众投资,走上新的平台。关于企业上市的问题会在后面的章节介绍。

第二节 《促进科技成果转化法》

《促进科技成果转化法》的全名是《中华人民共和国促进科技成果转化法》(2015年8月29日修订),对体制内科技工作者创业非常重要。科技工作者由于职务形成的知识产权投资,通过科技成果转化激励,可以获得创业公司股权。但是,《促进科技成果转化法》虽然明确了职务发明成果获得企业股权,但实际操作的细则有待完善,特别是国有企业对企业内员工再激励的时候,法律依据比较薄弱。国有科研机构可以按照该法实施激励,但是却没有对其下属企业对企业内科技工作者再激励提供法律支撑。

笔者的建议是,在创业之前,首先要了解一下自己单位管理部门的相关规定,不仅要向单位的国有资产管理部门了解相关政策,更要自己动手去查询一下。教育部系统的科研单位要查询的是教育部文件,工信部管理的科研单位要查询工信部文件,中科院系统的科研单位要查询中科院内部文件,而所有创业者都需要查询一下国务院国资委和财政部的相关文件,其他部委和地方政府管理的科研机构也需要查询相关部委和省级政府的相关文件。

本次《促进科技成果转化法》修订,对提升我国知识产权转化水平、充分实施国家创新驱动发展战略,强力促进"大众创业、万众创新"

具有重要影响。

1. 释放活力，下放三权

2015年的修订《促进科技成果转化法》，一项重要内容就是解决科研机构或大学转化科技成果过程中的国资管理问题。国有企业的科技成果及其知识产权权属、运营等问题，可以通过《企业国有资产法》解决。在《促进科技成果转化法》修订之前，有关国有资产的管理办法未将有形财产和科技成果及其知识产权进行区别对待，这严重阻滞了国有科研单位和高校科技成果转化工作。其具体表现就是科研机构或高等院校使用、处置科技成果需要层层烦琐的审批，容易丧失科技成果转化的有利时机；科研机构或高校的科技成果处置收益需要全部上缴国库，导致科研机构和大学丧失转化科技成果的积极性。

新《促进科技成果转化法》的一大亮点就是打破科技成果转化和知识产权运用的主要体制障碍。该法第十八条规定："国家设立的研究开发机构、高等院校对其持有的科技成果，可以自主决定转让、许可或者作价投资，但应当通过协议定价、在技术交易市场挂牌交易、拍卖等方式确定价格。通过协议定价的，应当在本单位公示科技成果名称和拟交易价格。"第四十三条规定："国家设立的研究开发机构、高等院校转化科技成果所获得的收入全部留归本单位，在对完成、转化职务科技成果做出重要贡献的人员给予奖励和报酬后，主要用于科学技术研究开发与成果转化等相关工作。"

上述两条规定放权于科研机构和高校，确保了其真正拥有科技成果的使用权、处置权和收益权等三项权利，是本次法律修订最有"含金量"的条文。

2. 协议优先，提高奖酬

由于科技研发和科技成果转化自身的特点，科技成果通常属于职务工作成果,科技成果的转化也通常是在单位的转化人员或科研人员的努力下才能完成。科研人员既是科技成果的创造者,又是科技成果转化的积极推动者和重要实施者。建立和完善激励科研人员和转化人员转化科技成果的法律制度和措施,对于促进科技成果的转移转化、实现科技成果的市场价值具有极为重要的意义。新《促进科技成果转化法》主要从三个方面健全和完善了科研人员和转化人员的职务科技成果奖酬制度。

一是大幅提升了法定奖酬的比例。1996年《促进科技成果转化法》第二十九条和第三十条规定的科技成果转化奖励最低标准是转让净收入的20%;新《促进科技成果转化法》则规定以转让、许可和作价投资的方式转化的科技成果,奖励和报酬的最低限是转让净收入、许可净收入或作价出资获得的股份、出资比例的50%。

二是单位与科技工作者或转化人员关于奖酬标准和数额问题,可以进行约定,并且约定优先。但有一个例外,即国有科研机构、高等院校制定的奖励和报酬规定或与发明人、转化人员约定的奖励和报酬标准不得低于上述法定标准。

三是国有企业、事业单位科技成果转化的奖励和报酬支出虽然应当计入当年本单位工资总额,但不受当年本单位工资总额限制、不纳入本单位工资总额基数。这一点对于国有企业、事业单位极为重要,因为国有企业、事业单位均有工资总额额度的限制,如果加大对科研人员或转化人员的奖励力度,那么在工资总额的限制下,就可能需要降低其他职工的工资,不利于本单位的和谐稳定。

新《促进科技成果转化法》规定科技成果奖酬支出不受工资总额限制,能够使国有企业、事业单位在不影响其他职工利益的前提下,真正落实对科研人员和转化人员的奖励报酬制度。

3.面向市场,资助研发

目前我国科研经费支出已经超过了1.5万亿元,占国家GDP的

2%，且财政科研经费占全国科研经费50%以上。特别是我国科研机构和高校的研究课题主要来自于财政资助，而国家在制订科研规划时考虑的主要是基础性、前瞻性、共性的科技问题，与企业的实际需求距离较远。因此，我国科研机构产出的科技成果就难以被企业接受，其科技成果利用率较低。为了改变这种情况，从源头上促进科技成果转化，新《促进科技成果转化法》第十条明确规定：利用财政资金设立应用类科技项目和其他相关科技项目，有关行政部门、管理机构应当改进和完善科研组织管理方式，在制订相关科技规划、计划和编制项目指南时应当听取相关行业、企业的意见；在组织实施应用类科技项目时，应当明确项目承担者的科技成果转化义务，加强知识产权管理，并将科技成果转化和知识产权创造、运用作为立项和验收的重要内容和依据。当然，企业或相关企业协会也应增强自身的参与能力，在国家制订有关科技规划、计划或项目指南时，能够有效参与其中，真正发出市场的声音。

4.信息共享，成果互通

科技研发必须站在"巨人的肩膀上"。同时，科技成果本质是一种技术信息，其表现形式主要是技术文献资料，而促进科技成果转化首先需要促进技术信息的传播、扩散。因此，为了增强科技信息传播能力，促进科技进步和科技成果转化利用，基于科技报告和知识产权文献信息，我国亟待建立全面权威的国家级科技成果信息体系。作为一项重要举措，新《促进科技成果转化法》具体规定了涉及科技成果的科技报告制度，该法第十一条明确规定：国家建立、完善科技报告制度和科技成果信息系统，向社会公布科技项目实施情况以及科技成果和相关知识产权信息，提供科技成果信息查询、筛选等公益服务。公布有关信息不得泄露国家秘密和商业秘密。对不予公布的信息，有关部门应当及时告知相关科技项目承担者。利用财政资金设立的科技项目的承担者应当按照规定及时提交相关科技报告,并将科技成果和相关知识产权信息汇交到科技成果信息系统。国家鼓励利用非财政资金设立的科技项目的承担者提交相关科技报告,将科技成果和相关知识产权信息汇交到科技成果信息系统,县级以上人民政府负责相关工作的部门应当为其提供方便。

  目前,我国现实的情况是:科技信息由国家多个部门分别掌握,条块分割严重。如仅科技部下属的中国科技信息研究所就至少建立了两个科技报告平台,分别是国家科技报告服务系统和国家科技成果转化项目库;国家知识产权局掌握着申请专利的技术信息、相关权利信息以及集成电路布图设计的相关权利信息;农业部和国家林业局分别掌握农业植物新品种信息和林业植物新品种信息;中国版权保护中心掌握计算机软件和普通作品的登记信息;其他部门还建立了大量的各自系统的科技成果汇集信息系统。这种分散的科技成果报告体系和信息系统非常不利于技术研发者或使用者的检索、分析。在网络技术勃兴之前,由于通信和信息共享等方面的限制,上述情况的存在具有一定的合理性,但是在网络与信息技术已经非常成熟发达的今天,这种情况的继续显然不利于科技成果的转化。因此,国家应该对掌握在多个部门的科技信息进行全面整合,统筹规划,形成一个统一的国家级的科技成果信息数据库。当然,实现这个设想,会存在各种阻力和障碍,可能需要一个过程。笔者建议,即使不能立即建立国家统一的科技成果信息平台,但至少可以由一个部门进行牵头,对技术信息的发布标准和形式进行统一规范,并对查询检索的入口进行统一,这样能极大地方便创新者和技术使用者。

5. 补偿风险,提升融资

  根据资金来源不同,科技成果转化的融资方式主要有以下几种:一是风险投资,主要是企业或社会资本针对成长性较好、风险较高的科技成果进行投资,成立目标公司,利用拥有的股权促使科技成果产业化、市场化;二是知识产权质押融资,一般是企业为了转化自身或他人的科技成果而以该科技成果的知识产权出质从银行获得相应贷款;三是上市融资,即科技企业以在证券市场发行股票的方式,募集科技成果转化资金。由于科技成果及其知识产权自身的特点,科技成果转化的风险投资和知识产权质押融资,均需要承担较高的财务风险。因此,无论是风险投资还是银行均对此比较谨慎。

为了降低科技成果转化的融资难度,新《促进科技成果转化法》主要从风险补偿等角度做了考虑。该法第三十八条规定:"国家鼓励创业投资机构投资科技成果转化项目。国家设立的创业投资引导基金,应当引导和支持创业投资机构投资初创期科技型中小企业。"第三十九条规定:"国家鼓励设立科技成果转化基金或者风险基金,其资金来源由国家、地方、企业、事业单位以及其他组织或者个人提供,用于支持高投入、高风险、高产出的科技成果的转化,加速重大科技成果的产业化。"第三十五条至第三十七条还分别规定:"国家鼓励银行业金融机构在组织形式、管理机制、金融产品和服务等方面进行创新,鼓励开展知识产权质押贷款、股权质押贷款等贷款业务,为科技成果转化提供金融支持;国家鼓励政策性金融机构采取措施,加大对科技成果转化的金融支持;国家鼓励保险机构开发符合科技成果转化特点的保险品种,为科技成果转化提供保险服务;国家完善多层次资本市场,支持企业通过股权交易、依法发行股票和债券等直接融资方式为科技成果转化项目进行融资。"当然,上述原则规定还需要有关部门出台实施细则以确保落实。

6. 健全市场,促进交易

促进科技成果转化需要高效和权威的科技市场。经过多年的发展,我国科技市场已初步形成由科技市场政策法规体系、监督管理体系和技术交易服务体系组成的基本运行架构,各方面均取得了显著成就。目前,我国科技市场管理体系和交易服务体系稳步发展,全国现有技术合同认定登记机构800多家,技术交易和服务机构近2万家,技术产权交易所近40家,国家技术转移示范机构274家,中国创新驿站站点83家。我国科技市场交易规模不断扩大,仅2012年全国成交技术合同282 242项,成交额达到6 437亿元,成交金额占当年全国R&D投入约三分之二。

为了进一步推动科技市场的发展,促进科技成果转化,新《促进科技成果转化法》首次从法律上对科技市场的发展问题做出了明确规定。该法第三十条规定:国家培育和发展技术市场,鼓励创办科技中介服务机构,为技术交易提供交易场所、信息平台以及信息检索、加工与分析、评估、经纪等服务。科技中介服务机构提供服务,应当遵循公正、客观的原则,不得提供虚假的信息和证明,对其在服务过程中知悉的国家秘密和当事人的商业秘密负有保密义务。另外,该法第三十一条和第三十二条还分别规定:国家支持根据产业和区域发展需要建设公共研究开发平台,为科技成果转化提供技术集成、共性技术研究开发、中间试验和工业性试验、科技成果系统化和工程化开发、技术推广与示范等服务。第三十二条规定:国家支持科技企业孵化器、大学科技园等科技企业孵化机构发展,为初创期科技型中小企业提供孵化场地、创业辅导、研究开发与管理咨询等服务。

补充阅读:科技部发布的政策解读

修订后的《促进科技成果转化法》自2015年10月1日起正式实施,国务院印发了《实施〈中华人民共和国促进科技成果转化法〉若干规定》(以下简称《规定》)的通知。科技部做了如下解读:

(1)加大源头供给,促进技术转移。"《规定》出台的背景是为确保法律落到实处,打通科技与经济结合的通道,促进'大众创业、万众创新',鼓励研究开发机构、高等院校、企业等创新主体及科技工作者转化科技成果,推进经济转型升级。"科技部政策司法规与知识产权处处长张杰军认为,与法律相比,《规定》的最大看点是对法律做了进一步的细化和补充,提出了更为明确的操作措施。

《规定》具体提出,国家设立的研发机构、高等院校应当完善技术转移工作体系。此外,《规定》增加义务性条款:科技成果转化收入扣除对完成和转化科技成果做出重要贡献人员的奖励后的部分,应充分保障技术转移机构的运行和发展。

关于科技成果协议定价,《规定》明确了公示时间:应在本单位公示科技成果名称和拟交易价格,公示时间不应少于15个工作日。

按照相关规定,凡在境内证券市场首次公开发行股票并上市的含国有股的股份有限公司,除有规定外,均须按首次公开发行时实际发行股份数量的10%,将股份有限公司部分国有股转由全国社会保障基金理事会持有。

《规定》提出,国家鼓励科技成果作价入股企业通过资本市场获得发展。财政、科技行政部门要研究制定科研机构、高校技术入股形成的国有股在企业上市时豁免向全国社保基金转持的有关政策。

(2)调动积极性,激励科技工作者创新创业。人是创新的主体,在中国科学技术发展战略研究院综合所所长陈宝明看来,《规定》中对"人"的鼓励政策颇有看点。促进科技成果转化法第44、45条对完成、转化职务科技成果做出重要贡献的人员给予奖励和报酬做了原则性规定:提取不低于百分之五十的比例。

《规定》进一步完善了科技成果转化奖励制度。明确在研究开发和成果转化中做出主要贡献的人员,所得奖励份额不得低于奖励总额的50%。目前这一政策比发达国家激励力度更大，美国联邦技术转移法规定，联邦实验室可以从技术转移收入中提取不低于15%的比例奖励发明人，但不能超过15万美元，如果超过需要美国总统批准。促进科技成果转化法实施后，担任行政职务的科研人员在"下海"创业后面临一个现实困难：如果创业失败，回原单位还有自己的位置吗？"**《规定》明确提出，科研人员可以在企业兼职，可以离岗创业，保留3年人事关系。**"在陈宝明看来，这是对《促进科技成果转化法》中关于科技工作者流动的细化规定，该条款能形成一定的制度保障，保障科技工作者的权益，在一定程度上避免遭受本单位的歧视性待遇，为其创业免除后顾之忧。科技成果的处置权下放到各单位后，单位负责人在处置成果时会有一定的顾虑，因为科技成果的定价不像房产等固定资产那么容易，依据什么确定转让价格？会不会出现资产低估？《规定》中提出："单位领导在履行勤勉尽责义务、没有牟取非法利益的前提下，免除其在科技成果定价中因科技成果转化后续价值变化产生的决策责任。"陈宝明认为，该《规定》其实是为负责人免除顾虑，只要转让时履行了相应的法律程序，后续不必为新的变化承担责任。

此外，对于担任领导职务的科技工作者获得科技成果转化的收益，《规定》提出，按照分类管理的原则执行。具体来说，正职领导可以按照《促进科技成果转化法》的规定获得现金奖励，原则上不得获取股权激励。其他担任领导职务的科技工作者，可按《规定》获得现金、股份或者出资比例等奖励和报酬。"现金是一次性交易，但股权意味着合作双方形成了长期的捆绑关系，此《规定》是为了避免权力寻租。"相关专家解释。

（3）完善相关制度、为成果转化营造良好环境。对于法律中提到的科技成果转化的年度报告，《规定》做了细化，明确了报送时间、主要内容等。但相关人士表示，法律还有待完善的地方。陈

> 宝明举例说，科研人员以技术入股的形式参与企业创新时，一旦入股就需要缴纳高额所得税，这也导致很多科研人员宁愿低价一次性转让技术，也不愿意以入股的形式长期合作，这其实不利于成果转化。
>
> 张杰军提到，要做好国家自主创新示范区试点税收政策向全国推广的工作，落实好现有促进科技成果转化的税收政策，积极研究探索支持单位和个人科技成果转化的税收政策。值得一提的是，之前有关个人科技成果转化的税收支持政策较少。
>
> 对于军工企业反映的科技成果转化难题，张杰军表示，相关行业主管部门已在研究涉及国家安全、国家秘密的科技成果转化，完善管理制度，激励与规范相关科技成果转化活动。

笔者以为，促进科技成果转化的目的是鼓励产学研结合，研发要面向产品、面向市场，这是实现"科技是第一生产力"的基本要求。目前我们的科研投入对生产力的提高效益还不理想，为什么呢？一个主要的原因是大学和科研机构不以"科技转化为生产力"作为考核目标，大多数科技工作者和研发管理人员会以唯科学崇高的观念排斥商业。促进科技成果转化，不能等同于鼓励科技工作者创业，绝大多数科技工作者的思维方式和社会经历是不适合做企业家的，而恰恰是企业家，能在市场中敏锐捕捉人们的需求，把各种生产要素整合起来，将科技真正用于生产。一端是科技，一端是市场，撬动科技成果转化的主体和支点是千千万万个社会企业，企业离市场越近，科技的力量就越能放大；当精力过度集中在研发一端，就看不清市场了，也就不知道该怎么去转化。**鼓励的政策当施予企业**，通过减免税收、奖励、补贴等形式，鼓励企业与高校和科研机构的合作，解放沉睡的生产力。**松绑的政策当施予高校**，让参与这场科技成果转化的社会化活动的人，不受体制的束缚，放下思想包袱，撸起袖子加油干！

第三节　国资管理

我国的科技工作者大量分布在体制内大专院校、科研院所,而体制是国有的,因此体制内创业,如何处理好与国资的关系,理解国资的意义显得非常重要。由国有机构出资形成的资产都属于国资的范畴,不仅仅包括资金、土地等等,特别要注意的是国有单位以专利、商标等作为出资形成的企业股权也是国资。因为这个原因,有一柄"达摩克利斯之剑"一直悬在所有体制内创业的科技工作者的头上,就是"国有资产流失"。因此,笔者建议读者要重视本节的内容。

国有资产流失犯罪是刑法理论和司法实践对一类犯罪的统称,泛指国家机关工作人员或国有财产的管理者、占有者、使用者主观上有罪过,客观上造成了国有财产直接或间接的损失且数额较大的行为。我国现行刑法中尚无"国有资产流失罪"这一罪名规定,但刑法条文(包括刑法修正案)涉及国有资产流失犯罪的共有 25 个罪名,大致可以分为妨害对公司、企业的管理秩序类国有资产流失犯罪,贪污贿赂类国有资产流失犯罪,渎职类国有资产流失犯罪三类。其中司法实践中常发的并经常容易引起争议的犯罪,主要是贪污罪、私分国有资产罪、为亲友非法牟利罪、非法经营同类营业罪等。

1. 关于国有企业的认定

国有企业指一个国家的中央政府、地方政府投资参与控制的企业。国有企业作为一种特殊企业而存在,具有现代企业制度的基本特征。对于"国有企业",我国法律体系中目前还没有一个权威的、明确的定义。"国有企业"的定义主要散见于以下法律文件,摘录如下:

全国人民代表大会及其常委会《企业国有资产法》:规定"国家所出资企业"即"国家出资的国有独资企业、国有独资公司,以及国有资本控股公司、国有资本参股公司",但这里使用的名称是"国家所出资企业"而并非"国有企业"。

国有资产监督管理委员会(简称国资委)《国务院国有资产监督管理委员会关于施行〈上市公司国有股东标识管理暂行规定〉有关问题的函》(国资厅产权[2008]80号)(简称"80号文"):国资委没有直接出台过就国有公司、企业的定义或说明,但其发布的一系列规范性文件秉承了对"国有"企业界定为国有全资和控股企业的基本态度。国有资产部门主要根据80号文来确定"国有股东"的范围,以国有资产单位对被出资单位的全资控股、绝对控股或连续多层级的绝对控股,作为认定被出资单位"国有股东"身份的基本标准。

财政部《财政部关于国有企业认定问题有关意见的函》(财企函[2003]9号):对"国有公司、企业"的认定应从以下角度分析:(1)从企业资本构成的角度看,"国有公司、企业"应包括企业的所有者权益全部归国家所有、属《企业法》调整的各类全民所有制企业、公司(指《公司法》颁布前注册登记的非规范公司)以及《公司法》颁布后注册登记的国有独资公司、由多个国有单位出资组建的有限责任公司和股份有限公司。(2)从企业控制力的角度看,"国有公司、企业"还应涵盖国有控股企业,其中,对国有股权超过50%的绝对控股企业,因国有股权处于绝对控制地位,应属"国有公司、企业"范畴;对国有股权处于相对控股的企业,因股权结构、控制力的组合情况相对复杂,如需纳入"国有公司、企业"范畴,须认真研究提出具体的判断标准。

国资委、财政部令第32号《企业国有资产交易监督管理办法》(2016年6月24日)第四条、本办法所称国有及国有控股企业、国有实际控制企业包括:(1)政府部门、机构、事业单位出资设立的国有独资企业(公司),以及上述单位、企业直接或间接合计持股为100%的国有全资企业;(2)本条第①款所列单位、企业单独或共同出资,合计拥有产(股)权比例超过50%,且其中之一为最大股东的企业;(3)本条第①②款所列企业对外出资,拥有股权比例超过50%的各级子企业;(4)政府部门、机构,事业单位,单一国有及国有控股企业直接或间接持股比例未超过50%,但作为第一大股东,并且通过股东协议、公司章程、董事会决议或者其他协议安排能够对其实际支配的企业。

国家发展和改革委员会《国家发展改革委办公厅关于印发全国股权投资企业备案管理工作会议纪要和股权投资企业备案文件指引/标准文本的通知》(发改办财金〔2012〕1595号 2012年6月14日):将国有企业界定为系指国有股权合计达到或超过50%的企业。

人大常委会法制工作委员会《〈合伙企业法〉释义》:国有独资企业是指国家单独出资、由国务院或者地方人民政府授权本级人民政府国有资产监督管理机构履行出资人职责的有限责任公司。国有企业的概念则较宽泛,可以理解为包括国有独资企业、国有控股企业和国有控股公司。

通过上述部门规章可见,各主管机关在认定国有全资和国有绝对控股公司、企业均属于国有企业这一点上态度基本是一致的,同时国有参股公司被排除在国有企业范围之外也基本意见一致,但国有相对控股公司是否属于国有企业尚未形成定论。

2. 国有企业的限制和要求

(1)国有企业在管理制度上的要求。

一是对"三重一大"事项的管控,即凡属重大决策、重要人事任免、重大项目安排和大额度资金运作(简称"三重一大")事项必须由领导班子集体做出决定的要求。国有企业应当健全议事规则,明确"三重一大"事项的决策规则和程序。党委(党组)、董事会、未设董事会的经理班子应当以会议的形式,对职责权限内的"三重一大"事项进行集体决策。不得以个别征求意见等方式做出决策。紧急情况下由个人或少数人临时决定的,应在事后及时向党委(党组)、董事会或未设董事会的经理班子报告。临时决定人应当对决策情况负责,党委(党组)、董事会或未设董事会的经理班子应当在事后按程序予以追认。经董事会授权,经理班子也可以决策"三重一大"事项。二是国有企业委派的董事、监事、高管强调要履行出资人职责,涉及"三重一大"事项或其他重要的事项的决策时,国有企业委派的"董监高"一定要汇报到国有企业,让国有企业履行好监管的职责。

(2)国有企业股权转让或增资有严格的审批流程和交易流程。

结合国资委、财政部32号文的有关规定,为了便于阅读,按照操作流程对国有产权转让、企业增资的规定进行整理。国有企业股权转让分为公开转让和非公开协议转让,以下内容主要简述公开转让股权的流程(见表4.1)和公开增资流程(见表4.2)。

表4.1中关于国有企业股权转让的审批流程和操作要点,创业者容易对其复杂性和重要性重视不够,在实际操作中常用结果合理来替代程序合规,容易留下瑕疵。

表4.1 《企业国有资产交易监督管理办法》关于股权转让的规定

序号	步骤	具体规定
1	提出转让	履行出资人职责的机构、国有及国有控股企业、国有实际控制企业转让其对企业各种形式出资所形成权益的行为称为企业股权转让
2	特殊审查事项	如股权转让导致国有股东持有上市公司股份间接转让的,应当同时遵守上市公司国有股权管理以及证券监管相关规定。 如企业股权转让涉及交易主体资格审查、反垄断审查、特许经营权、国有划拨土地使用权、探矿权和采矿权等政府审批事项的,按照相关规定执行。如受让方为境外投资者的,应当符合外商投资产业指导目录和负面清单管理要求,以及外商投资安全审查有关规定

续表4.1

序号	步骤	具体规定
3	与意向方洽谈	股权转让原则上通过股权市场公开进行。对于意向方,企业只能签订意向协议,同意其参与股权市场公开进行的竞价
4	股权转让审批	1. 国有资产监管机构负责审核国家出资企业的股权转让事项。其中,因股权转让致使国家不再拥有所出资企业控股权的,须由国有资产监管机构报本级人民政府批准。 2. 国家出资企业应当制定其子企业股权转让管理制度,确定审批管理权限。其中,对主业处于关系国家安全、国民经济命脉的重要行业和关键领域,主要承担重大专项任务子企业的股权转让,须由国家出资企业报同级国有资产监管机构批准。转让方为多家国有股东共同持股的企业,由其中持股比例最大的国有股东负责履行相关批准程序;各国有股东持股比例相同的,由相关股东协商后确定其中一家股东负责履行相关批准程序。此外,还需要依照《国务院办公厅关于建立国有企业违规经营投资责任追究制度的意见》第二条(四)规定,履行决策和审批程序,并在授权范围内转让
5	内部决策	股权转让应当由转让方按照企业章程和企业内部管理制度进行决策,形成书面决议。国有控股和国有实际控制企业中国有股东委派的股东代表,应当按照本办法规定和委派单位的指示发表意见、行使表决权,并将履职情况和结果及时报告委派单位。此外,还需要依照《国务院办公厅关于建立国有企业违规经营投资责任追究制度的意见》第二条规定,按规定履行投资并购的决策和审批程序

续表4.1

序号	步骤	具体规定
6	职工安置	转让方应当按照企业发展战略做好股权转让的可行性研究和方案论证。股权转让涉及职工安置事项的,安置方案应当经职工代表大会或职工大会审议通过;涉及债权债务处置事项的,应当符合国家相关法律法规的规定
7	审计评估	1.股权转让事项经批准后,由转让方委托会计师事务所对转让标的企业进行审计。涉及参股权转让不宜单独进行专项审计的,转让方应当取得转让标的企业最近一期年度审计报告。 2.对按照有关法律法规要求必须进行资产评估的股权转让事项,转让方应当委托具有相应资质的评估机构对转让标的进行资产评估,股权转让价格应以经核准或备案的评估结果为基础确定。 3.转让项目自首次正式披露信息之日起超过12个月未征集到合格受让方的,应当重新履行审计、资产评估以及信息披露等股权转让工作程序。此外,还需要按照《国务院办公厅关于建立国有企业违规经营投资责任追究制度的意见》第二条(四)规定,进行财务审计和资产评估,避免操纵中介机构出具虚假财务审计、资产评估鉴证结果,以免被追究违规经营投资责任
8	信息披露	股权转让原则上通过股权市场公开进行。转让方可以根据企业实际情况和工作进度安排,采取信息预披露和正式披露相结合的方式,通过股权交易机构网站分阶段对外披露股权转让信息,公开征集受让方。其中正式披露信息时间不得少于20个工作日。因股权转让导致转让标的企业的实际控制权发生转移的,转让方应当在转让行为获批后10个工作日内,通过股权交易机构进行信息预披露,时间不得少于20个工作日。

续表4.1

序号	步骤	具体规定
8	信息披露	转让方信息披露需依照《企业国有资产交易监督管理办法》第十五条规定,披露信息包括但不限于以下内容: (一)转让标的基本情况; (二)转让标的企业的股东结构; (三)股权转让行为的决策及批准情况; (四)转让标的企业最近一个年度审计报告和最近一期财务报表中的主要财务指标数据,包括但不限于资产总额、负债总额、所有者权益、营业收入、净利润等(转让参股权的,披露最近一个年度审计报告中的相应数据); (五)受让方资格条件(适用于对受让方有特殊要求的情形); (六)交易条件、转让底价; (七)企业管理层是否参与受让,有限责任公司原股东是否放弃优先受让权; (八)竞价方式,受让方选择的相关评判标准; (九)其他需要披露的事项。其中信息预披露应当包括但不限于以上(一)(二)(三)(四)(五)款内容
9	受让方资格审查	1.股权转让原则上不得针对受让方设置资格条件,确需设置的,不得有明确指向性或违反公平竞争原则,所设资格条件相关内容应当在信息披露前报同级国有资产监管机构备案,国有资产监管机构在5个工作日内未反馈意见的视为同意。 2.股权交易机构负责意向受让方的登记工作,对意向受让方是否符合受让条件提出意见并反馈转让方。股权交易机构与转让方意见不一致的,由转让行为批准单位决定意向受让方是否符合受让条件

续表4.1

序号	步骤	具体规定
10	竞价交易	1. 股权转让信息披露期满、产生符合条件的意向受让方的,按照披露的竞价方式组织竞价。竞价可以采取拍卖、招投标、网络竞价以及其他竞价方式,且不得违反国家法律法规的规定。 2. 受让方确定后,转让方与受让方应当签订股权交易合同,交易双方不得以交易期间企业经营性损益等理由对已达成的交易条件和交易价格进行调整。 3. 股权转让导致国有股东持有上市公司股份间接转让的,应当同时遵守上市公司国有股权管理以及证券监管相关规定
11	付款	1. 交易价款应当以人民币计价,通过股权交易机构以货币进行结算。因特殊情况不能通过股权交易机构结算的,转让方应当向股权交易机构提供转让行为批准单位的书面意见以及受让方付款凭证。 2. 交易价款原则上应当自合同生效之日起5个工作日内一次付清。金额较大、一次付清确有困难的,可以采取分期付款方式。采用分期付款方式的,首期付款不得低于总价款的30%,并在合同生效之日起5个工作日内支付;其余款项应当提供转让方认可的合法有效担保,并按同期银行贷款利率支付延期付款期间的利息,付款期限不得超过1年
12	交易公告	股权交易合同生效后,股权交易机构应当将交易结果通过交易机构网站对外公告,公告内容包括交易标的名称、转让标的评估结果、转让底价、交易价格,公告期不少于5个工作日

续表4.1

序号	步骤	具体规定
13	交易凭证	股权交易合同生效,并且受让方按照合同约定支付交易价款后,股权交易机构应当及时为交易双方出具交易凭证
14	公司变更登记	本环节要注意审查公司变更登记文件,根据转让股权的国有企业内部管理制度规定的程序,由相关部门协助进行目标公司工商登记的变更,并将相关投资档案归档留存

表4.2 《企业国有资产交易监督管理办法》关于企业增资的规定

序号	步骤	具体规定
1	增资方案	第三十六条 企业增资应当符合国家出资企业的发展战略,做好可行性研究,制订增资方案,明确募集资金金额、用途、投资方应具备的条件、选择标准和遴选方式等。增资后企业的股东数量须符合国家相关法律法规的规定
2	特殊事项审查	第四十条 企业增资涉及上市公司实际控制人发生变更的应当同时遵守上市公司国有股权管理以及证券监管相关规定
3	职工安置	第十条 转让方应当按照企业发展战略做好产权转让的可行性研究和方案论证。产权转让涉及职工安置事项的,安置方案应当经职工代表大会或职工大会审议通过;涉及债权债务处置事项的,应当符合国家相关法律法规的规定

续表4.2

序号	步骤	具体规定
4	增资审批	第三十四条 国有资产监管机构负责审核国家出资企业的增资行为。其中,因增资致使国家不再拥有所出资企业控股权的,须由国有资产监管机构报本级人民政府批准。 第三十五条 国家出资企业决定其子企业的增资行为。其中,对主业处于关系国家安全、国民经济命脉的重要行业和关键领域,主要承担重大专项任务的子企业的增资行为,须由国家出资企业报同级国有资产监管机构批准。 增资企业为多家国有股东共同持股的企业,由其中持股比例最大的国有股东负责履行相关批准程序;各国有股东持股比例相同的,由相关股东协商后确定其中一家股东负责履行相关批准程序
5	内部决策	第三十七条 企业增资应当由增资企业按照企业章程和内部管理制度进行决策,形成书面决议。国有控股、国有实际控制企业中国有股东委派的股东代表,应当按照本办法规定和委派单位的指示发表意见、行使表决权,并将履职情况和结果及时报告委派单位。 国有企业增资需依照《国务院办公厅关于建立国有企业违规经营投资责任追究制度的意见》第二条规定,严格按规定履行决策和审批程序

续表4.2

序号	步骤	具体规定
6	审计评估	第三十八条 企业增资在完成决策批准程序后,应当由增资企业委托具有相应资质的中介机构开展审计和资产评估。 以下情形按照《中华人民共和国公司法》、企业章程履行决策程序后,可以依据评估报告或最近一期审计报告确定企业资本及股权比例: (一)增资企业原股东同比例增资的; (二)履行出资人职责的机构对国家出资企业增资的; (三)国有控股或国有实际控制企业对其独资子企业增资的; (四)增资企业和投资方均为国有独资或国有全资企业的
7	信息披露	第三十九条 企业增资通过产权交易机构网站对外披露信息公开征集投资方,时间不得少于40个工作日。信息披露内容包括但不限于: (一)企业的基本情况; (二)企业目前的股权结构; (三)企业增资行为的决策及批准情况; (四)近三年企业审计报告中的主要财务指标; (五)企业拟募集资金金额和增资后的企业股权结构; (六)募集资金用途; (七)投资方的资格条件,以及投资金额和持股比例要求等; (八)投资方的遴选方式; (九)增资终止的条件; (十)其他需要披露的事项

续表4.2

序号	步骤	具体规定
8	投资方资格审查	1. 股权转让原则上不得针对投资方设置资格条件,确需设置的,不得有明确指向性或违反公平竞争原则,所设资格条件相关内容应当在信息披露前报同级国资监管机构备案,国资监管机构在5个工作日内未反馈意见的视为同意。 2. 产权交易机构负责意向投资方的登记工作,对意向投资方是否符合受让条件提出意见并反馈增资企业。产权交易机构与增资企业意见不一致的,由转让行为批准单位决定意向投资方是否符合受让条件
9	投资方遴选	1. 产权交易机构接受增资企业的委托提供项目推介服务,负责意向投资方的登记工作,协助企业开展投资方资格审查。 2. 通过资格审查的意向投资方数量较多时,可以采用竞价、竞争性谈判、综合评议等方式进行多轮次遴选。产权交易机构负责统一接收意向投资方的投标和报价文件,协助企业开展投资方遴选有关工作。企业董事会或股东会以资产评估结果为基础,结合意向投资方条件和报价等因素审议选定投资方
10	增资方式	投资方以非货币资产出资的,应当经增资企业董事会或股东会审议同意,并委托具有相应资质的评估机构进行评估,确认投资方的出资金额

续表4.2

序号	步骤	具体规定
11	增资公告	国有企业增资应按照《企业国有资产交易监督管理办法》以下规定,进行增资公告: 增资协议签订并生效后,产权交易机构应当出具交易凭证,通过交易机构网站对外公告结果,公告内容包括投资方名称、投资金额、持股比例等,公告期不少于5个工作日
12	增资变更登记	按要求及时进行登记

(3)国有企业不能做合伙企业的普通合伙人。

根据《中华人民共和国合伙企业法》第三条的规定,以及国家发改委《关于促进股权投资企业规范发展的通知》(发改办财金[2011]2864)第一条关于股权投资企业应当遵照公司法、合伙企业法有关规定设立的要求,国有独资公司、国有企业、上市公司以及公益性的事业单位不得成为股权投资企业的普通合伙人。

3. 国有股权转让和国有资产转让的区别

《企业国有资产交易监督管理办法》(国资委32号文)第50条规定:企业资产转让的具体工作流程参照本办法关于企业产权转让的规定执行。可见国有企业产权转让和国有企业资产转让的具体工作流程大体相同,但国有产权转让和国有资产转让在审批程序上还是存在一些差异。

关于国有股权转让审批,《企业国有资产交易监督管理办法》(国资委32号文)第九条规定:产权转让应当由转让方按照企业章程和企业内部管理制度进行决策,形成书面决议。国有控股和国有实际控制企业中国有股东委派的股东代表,应当按照本办法规定和委派单位的指示发表意见、行使表决权,并将履职情况和结果及时报告委派单位。第七条规定国有资产监管机构负责审核国家出资企业的产权转让事项。其中,**因产权转让致使国家不再拥有所出资企业控股权的,须由国有资产监管机构报本级人民政府批准**。

关于国有资产的审批,《企业国有资产交易监督管理办法》(国资委32号文)第四十九条规定:国家出资企业负责制定本企业不同类型资产转让行为的内部管理制度,明确责任部门、管理权限、决策程序、工作流程,对其中应当在产权交易机构公开转让的资产种类、金额标准等做出具体规定,并报同级国有资产监管机构备案。

可见,国有产权转让履行完内部审批程序后要经过国有资产监管机构的批准,因产权转让使国有企业不再拥有控股权的还要国有资产监管机构报同级政府批准。而国有资产的转让履行完内部的审批权限后,只需报同级国有资产监管机构备案即可。由此可见,国有产权转让的审批比国有资产转让的程序更加严格。

4.几点切身体会

除以上这些问题外,国有资产企业的管理者还需要掌握一定的技巧,笔者的经验总结大致有这么几条:

第一,在企业性质上,无论当前政策如何界定,我们内心中要将国有绝对控股、国有相对控股、国有大股东等三种情况的任何一种都认定为国有企业,一方面是为了时刻提醒自己要规范经营,另一方面要留意政策变化,不要等到被强制认定为国有企业那一天再按照国有资产管理的要求去补齐手续,因为企业经营中的很多痕迹是不可修改的,特别是很多的决策行为都需要补充国有资产决策手续,而大部分的国有资产决策机构是不会为了某个企业去冒违规的风险补齐材料的。

第二,在有可能的情况下,要一把尚方宝剑。在企业创立之前,至少在创立初期,争取到国有资产管理机构对企业在投资、资产出售两件事情上的授权文件,这里说的国有资产管理机构是指股东向上穿透中,按照出资比例,最大的国有股东或者其管理机构,一般是国资委、科研机构,或者代表国资委和科研机构出资的国有独资的平台公司。

第三,尊重国情,与单位的国有资产管理部门做好常态化的沟通。对重大事件的要有通报和汇报的自觉,这既是尊重,也是对自己的保护,毕竟政策的变化是可以预期的事情,当变化来临的时候,能否在第一时间获得信息和得到解读是很重要的。有一些科技工作者在从事科研工作的过程中养出了一些脾气,但是开始创业以后,还是要学会弯腰的,我们可以不向权贵弯腰,但是要向规律弯腰,规律是众多偶然历史事件中的必然性沉淀。成功的国有企业各有各的成功,而失败的国有企业却有明显的特征,其中处理不好与国有股东的关系是非常突出的共性问题。

第四,如果有可能,建议在创业初期就委托一家经验丰富的律所打理法律事务,至少在身边要有熟悉国有资产相关法律的专家,如果创始人有行政职务,身边最好也要有一位党纪专家。

第五,在得到国有股东认同的前提下,如果有可能,在原始股权架构设计中,应避免国有绝对控股、国有相对控股、国有第一大股东的情况出现,笔者这里说的国有是指企业股东往上追溯到自然人和国有部门后,国有成分的股权比例之和。但是笔者不鼓励体制内的科技工作者采用暗度陈仓的方式创业,常见的情况有创始人用现金注册完全独立于体制的企业,或者通过股权代持在体制之外设立企业,既不合情也不合法,一方面是因为创始人赖以创业的知识成果,往往是在体制内的资助培养下沉淀的,至少难以撇清关系,给企业埋下技术来源不清的硬伤,也给创始人自己埋下法律纠纷的隐患。另一方面,我国的法律并不鼓励代持,代持的恢复和利益转移也有法律风险,还要注意的是,不要让群众眼光充满怀疑的内容。

科技工作者的知识面相比其他创业者要丰富,这也让大家养成了遇事自己动手解决的习惯,很多人直到企业发展到冲击上市的情况后才开始与律师和会计师打交道,往往此时会发现,在不经意间形成了很多不规范的经营痕迹,需要付出巨大代价,还有很多情况是无法弥补的,进而导致企业无法上市,造成重大遗憾。

结合笔者实践,对科技工作者创业时要面临的一些主要的和容易忽视的困难做了一些梳理,但大家在实践中要面临的法律问题会更多更复杂。笔者建议大家在企业创立之初就要聘请专业的律师打理法律事务,特别是审核协议和合同文本,毕竟法律事务是一件很专业的事情。同时要注意,不要把所有的法律问题都甩包袱式地扔给律师,由于律师职业的特殊性,大部分律师是谨慎保守的,如果让律师来决策,基本上什么事也决策不了。创始人自身要对决策负责,也就是依靠而不依赖,鼓励律师按照创始人的意图设计实施的方案,而不是根据律师的意见来决策。此外,笔者特别呼吁创业者自己认真学习一下企业运营的基本财务知识,至少要能看懂资产负债表、现金流量表、利润表。一方面是因为我国投资界对企业的价值评价,主要是看企业的净利润指标而不是科技含量,以及专利和行业影响力等科技工作中比较在意的内容,很大层面上这是我国证券界对拟上市企业设立的业绩门槛决定的。另一方面,现金流断裂是笔者见过的企业倒闭最常见的原因,往往创始人对财务工作的认知能力会显著影响企业的现金流管理水平。

第五章　应知应会：基础实务

第一节　公司注册
第二节　财务基础
第三节　不同阶段的融资
第四节　税务基本常识
第五节　专利的申报和价值实现
第六节　适度的包装

针对体制内科技工作者创业的主要实务和主要问题进行分析,并提出相关对策和建议。内容包括公司注册、财务管理、融资、税费统筹、专利管理、项目推广等主要业务。

本书讨论的创业具体指的是经营一个企业,企业是有别于科研机构的组织形式,存在于人类社会已经有上千年历史了,以公司制度为代表的现代企业制度的出现也已经有四百多年的历史。世界上最早的股份有限公司制度诞生于1602年,即在荷兰成立的东印度公司。企业是社会经济活动中最重要的参与者,围绕企业这个关键词涉及的问题超过了多数具体的技术领域。所以笔者认为:体制内科技工作者创业要放下身段,院士创业面临的不少问题与本科生是一样的,很多知识都要重新学习。

第一节 公司注册

公司注册包括一些基本方面,如工商注册、税务登记、银行开户、社保登记等。如果涉及工程建设,还要有环境影响评价、安全影响评价和工程审批等相关手续。目前,工商注册手续已经大大简化,多数可以网上登记,基本可以一次办结。关于手续可以按程序办理,但是其中若干具体事项关系重大,需要创业者认真思考。

1. 注册什么形式的公司

企业注册有三种主要形式,各有差异,具体内容见表5.1。

表5.1 三种企业形式的比较

	独资企业	合伙企业	公司企业
1.成立难易度	非常容易	较个体企业稍复杂	最复杂
2.组织延续性	不能连续	不能连续	无限连续到公司关闭
3.所有权转移	不能转移	不能转移,除非合伙条约有规定	自由转移
4.债务责任	负完全责任	负完全责任	有限责任
5.资金筹措能力	由独资者出资	由合伙人出资	可以向任何投资者筹措
6.赋税责任	不付企业所得税	不付企业所得税,所得并入合伙人的所得税	双重课税:公司所得税和个人所得税

2. 个人独资企业和一人有限责任公司的区别

如果是创业者自己单打独斗,可以注册为独资企业或一人有限责任公司。从表5.1可知,这是两种完全不同的组织形态,主要有以下区别:

(1) **投资主体不同**:一人有限责任公司投资主体可以是自然人,也可以是法人;而个人独资企业的投资主体只有一个人,就是自然人,责任由自己独资承担。

(2) **法律形式不同**:一人有限责任公司属于法定民事主体,具有法人资格;个人独资企业不具有法人资格。

(3) **税收缴纳规定不同**:红利分配时,一人有限责任公司双重课税,要缴纳企业所得税和个人所得税;个人独资企业仅缴纳个人所得税。

(4)**投资者承担责任不同**:一人有限责任公司股东以认缴的出资额为限承担有限责任,个人独资企业的投资人以其个人资产对公司承担无限责任。

(5)**财务核算要求不同**:一人有限责任公司应当在每年年度终了时编制财务会计报告,并由会计事务所审计。个人独资企业则只需依法设置会计账簿来进行会计核算,无须经会计事务所审计。

3. 合伙制和公司制的区别

体制内的科技工作者创业要特别关注有限合伙企业。有限合伙企业由普通合伙人和有限合伙人组成,普通合伙人对合伙企业债务承担无限连带责任,有限合伙人以其认缴的出资额为限对合伙企业债务承担责任。无限连带责任涉及个人所有私人财产,包括私有住房、存款等。关于合伙企业和公司的区别,可以借用知乎上一位律师的比喻:

(1)公司:就像你组装了一个遥控机器人(公司)参加正规格斗比赛(参与市场经营),有裁判(政府)盯着你的机器人到底合不合要求(公司成立需要满足法定条件),你赢了钱以后,首先需要留钱预防修机器人(法定公积金)或者修机器人(弥补亏损),剩下的可以分给遥控的人(公司股东分红);你输了比赛,机器人也不能用了,那么赛事组织方就把机器人拆了(破产解散),卖了零件先给你欠的人(公司债权人)付钱,剩下的再给你,不够也不会再向你(有限责任)要账。

(2)合伙:就像你自己穿上装备去打野拳,没人会管你的装备是不是合乎比赛规则(合伙企业成立没有太多法律约束),只要你打赢了,挣的钱爱怎么花就怎么花(利润随意分配),打输了就赔钱;输得你打不动了(合伙企业无法正常经营),首先把你的装备卖了(变卖合伙企业财产)还钱,如果还不够,就把你从装备里抬出来卖了还到钱还完为止(无限责任)。而且如果你们合伙人一起轮流用装备打架,结果被队友坑了,打败了,那么你也要赔钱(连带责任)。

为避免复杂环境下承担无限连带责任的风险,适合采用公司制,治理结构规范,股东出资、董事会把控风险、管理层负责经营。而以投资人自己的专业性和行业经验来承担经营风险的,比如律师事务所、会计师事务所,则适合注册为合伙企业。合伙企业最大的好处是不需缴纳企业所得税,避免了双重课税。有限合伙企业集中了二者的好处,投资人可以做有限合伙人,以投资为限额承担有限责任;经营者可以做一般合伙人,充分调动积极性,同时可以避免双重课税。

4. 有限责任公司和股份有限公司的区别

初创企业建议设立为有限责任公司,相比股份有限公司有如下优点:

(1)是一个资合公司,但有较强的人合因素,股东人数不多,彼此间有一定信任基础与优势互补。

(2)各股东的出资共同组成公司的资本,但这些资本不需划分为等额股份。一般来说,股东以各自的出资额承担责任,分取红利。

(3)不对外公开发行股票,设立程序相对简单,设立成本较低。

(4)治理结构相对灵活,小公司可不设董事会和监事会,只设执行董事和监事。

(5)有限责任公司因具有人合性,其股东的权利转让一般受到章程的限制,不能像股份有限公司股票那样自由流通,这一点反过来更绑定了股东之间的利益。

5. 关于注册信息和经营范围的选择

在注册有限责任公司时,需要进行工商登记的主要信息有:法定代表人、注册资本、成立日期、企业类型、统一社会信用代码（自动生成）、经营范围、公司地址、营业期限（多数为永久）等。另外，需要做工商备案的文件有：公司设立的股东会决议、公司章程、董事、监事、总经理及财务负责人的身份信息（身份证复印件）等。可登录企业所在地的工商局网站下载相应要求及工商模板，也可以找工商代办协助办理企业工商注册。

在工商的经营范围注册会影响到公司未来的经营，注册之外的经营活动会被认为非法。建议在可能涉及的业务领域，只要不需要准入条件和前置条件的业务，尽可能进行登记。比如机器人设计，销售和制造公司，在经营范围内添些尽可能多的范围。例如：机器人、自动化装备、机械设备、电子设备、光电产品、公路隧道及轨道交通综合系统设备、建筑智能化设备、机电工程设备的研发、销售，以及以上相关科技领域内的技术转让、技术咨询、技术服务，计算机、系统集成、信息、网络科技领域内的技术开发、技术服务、技术转让、技术咨询，激光技术的研发、制作及利用自有媒体发布，从事货物及技术的进出口业务，企业管理咨询，商务咨询，电子商务等。因为企业总是在不断发展，会涉及不同的业务方向，在条件允许的情况下，可以将经营范围考虑得全面一些更好。当然，在业务需要的时候，也可以及时进行增设。

6. 关于公司章程的约定

公司章程是公司的最高法，创业者容易忽略公司章程的重要作用，注册公司时往往以工商提供的模板进行公司注册。这样做的潜在风险很大，因为公司发展壮大后，会发现很多内容在公司章程中缺少约定。制定公司章程要多考虑律师给出的建议和模板，在公司成立之初就把公司的基本规则和未来的重大事项约定好。

另外公司章程一般由公司全体股东共同制定，并对公司、股东和公司的经营管理人员具有约束力，同时也是调整公司内部组织关系和经营行为的自治规范。而出资协议并不是公司设立的必经程序,但章程是公司设立的必备文件,两者约定内容存在重复,但章程相比于出资协议,增加了对公司经营和管理规则的规定。

工商局往往会提供有限责任公司章程的范本,但是该范本往往较为简单,对双方的权利与义务规定不够清晰。建议合伙人签署一份比较详细的公司章程,对股东的权利和义务、公司的治理结构以及运营中的问题进行规范。

7. 关于出资协议的约定

出资协议是投资人之间的约定文件,不需要在工商备案。关于出资协议和公司章程的关系,在法律法规章节有说明。在此从预防经营风险角度对出资协议的约定内容进行提示。

(1)做好创始团队成员的股权分配约定。

许多创业公司容易出现这样的问题,可以一起吃苦不能一起享福,讲义气开头打官司结束。在创业早期大家埋头一起拼,并不考虑各自占多少股份和怎么获取这些股权;等到公司的"钱景"越来越清晰时,创始团队的成员会越来越关心自己能够获取到的股份比例,而如果在这个时候再去讨论股权怎么分,由于前期没有明确约定,分配方式很难满足所有人的预期,导致团队出现问题,进而影响公司的发展,甚至导致团队散伙。

所以,在创业初期就应该考虑好股权分配方式,签署股权分配协议。特别是体制内的科技工作者创业,核心团队成员有很多是自己的学生,教研室的家长制作风转移到企业中,为企业发展埋下隐患。

(2)明确股权退出机制。

前面讲到了《公司法》对股东身份的保护。对于创业企业来讲,股东调整、合伙人退出是经常发生的事情。由于合伙人股权缺少退出机制,容易导致合伙人股权纠纷。比如有的合伙人早期出资10万,持有公司30%股权,但干满6个月就由于与团队不和,主动离职了。离职后,退出合伙人坚决不同意退股,理由很充分:《公司法》没规定股东离职得退股,公司章程也没有约定;当其退出时,其他合伙人认为不回购股权既不公平,也不合情理,但由于事先没有约定合伙人的退出机制,对合法回购退出合伙人的股权束手无策。

鉴于中国人有较重的"谈利益伤感情"的面子思想,因此建议合伙人之间首先就退出机制的公平合理性充分沟通,并达成共识,做好团队的预期管理,然后再写到出资协议和公司章程中。通过明确约定,保证创业团队成员退出时的股份回购,可以提高公司运营的稳定性。

(3) 明确投资相关的具体事项。

投资协议里还要包含各自投资的具体数额,在公司总股本里的比例,公司利润分配的原则与方式,纠纷处理方式,各自的职责、权利和义务,公司的决策程序,约定管理的方式、经营的方式等内容。需要注意的是,协议签订好以后应拿到工商局备案,使其具有法律效力,以维护投资人的合法权益。

公司股东是公司发展的基石,应当严格选择,以免致使公司其他股东承担连带债务;同时,股东之间若不能形成良好的沟通机制,会使股东会、董事会和公司的管理层难以按照法定程序进行决策,从而使公司陷入经营僵局。在实际案例中,此类情况也屡见不鲜。

还应该注意的是,公司股东以其认缴的出资额对公司承担有限责任,但在实践中,如出现股东与公司之间资产边界不清,或有逃避债务、严重损害公司债权人利益的,这种情况下需要承担连带责任。

第二节 财务基础

作为企业管理者,必须要懂一些基础的财务知识。体制内的科技工作者创业,看懂财务报表是基本要求。财务报表是用会计语言对一个企业的财务状况、经营成果和现金流量的专业表述。财务报表一般包括资产负债表、利润表、现金流量表、所有者权益变动表和财务报表附注。

1. 资产负债表——看资源

资产负债表是反映企业在某一特定日期(如月末、季末、年末)全部资产、负债和所有者权益情况的会计报表,是企业经营活动的静态体现,根据"资产=负债+所有者权益"这一平衡公式,依照一定的分类标准和一定的次序,将某一特定日期的资产、负债、所有者权益的具体项目予以适当的排列编制而成。它表明权益在某一特定日期所拥有或控制的经济资源、所承担的现有义务和所有者对净资产的要求权。它是一张揭示企业在一定时点财务状况的静态报表。资产负债表为会计上相当重要的财务报表,最重要功用在于表现企业总体的经营状况。

流动资产、非流动资产展示了资源分布,应关注其变化趋势,并分析其经营风险;负债、权益展示了资源来源,表现企业承受风险的能力,并分析其财务风险。

从资产负债情况中,我们可以得出很多信息,例如:利用资产和负债结构比例评价公司的安全性;通过资产的质量评价公司的持续性。下面我们通过案例理解资产负债表中有关信息的表述。

(1)流动资产和流动负债比。

该指标反映了企业的偿债能力和商业信用水平。

例:甲乙两个公司经营方向一致,2017年7月末流动资产总额分别为5 000万元、3 000万元,甲公司期末存货2 000万元,乙公司期末存货500万元,流动负债总额分别为10 000万元、2 000万元。

甲公司流动比率=流动资产/流动负债=5 000/10 000=0.5

乙公司流动比率=流动资产/流动负债=3 000/2 000=1.5

流动比率最佳为2,越大财务风险相对越小。

甲公司财务风险大于乙公司,规模大于乙公司,因此可以得出甲公司为扩张型,乙公司为稳健型。

(2)应收账款、应收票据、其他应收账款。

应收账款、应收票据是企业销售未收回的货款,体现了一个企业的销售政策;其他应收账款指除销售以外的各种暂付款项,包括关联单位借款、备用金、员工临时借款、押金、保证金等,具有金额小、暂时性的特点。

其他应收账款占资产比重过大可能存在异常,越是规范、主业突出、经营优良的公司,其他应收账款越少,甚至为零。

(3)应付账款、应付票据。

应付账款、应付票据是企业信用的体现,也是企业某种实力的彰显。应付账款金额越大,反映了企业利用供应商的款项能力越强,但也可能是企业经营出现问题的征兆之一,应特别关注应付账款的账龄和形成原因。

(4)净资产增加率。

净资产增加率反映了一个企业的规模和发展能力,通过与总资产变动的比较,揭示企业可能的风险。

净资产增加率=(净资产期末数/净资产期初数-1)×100%

净资产增加率的比较是与总资产增长率相关的,净资产增长率为负不一定就是坏事,例如:某企业2015年末总资产增长率-20%,净资产增加率-10%。则实际该企业债务减少,不存在亏损的情况下,安全系数增加。

不同行业、不同时间段、不同角度,需要创业者关注的信息都有所不同。例如,零售企业的存货需要关注,大型工业型企业的固定资产需要关注。

2. 利润表——看发展

利润表是反映企业在一定会计期间经营成果的报表,由于它反映的是某一期间的情况,所以又称为动态报表。利润表也称为损益表、收益表。通过利润表可以反映企业一定会计期间的收入实现情况,费用耗费情况,企业生产经营活动的成果。将利润表中的信息与资产负债表中的信息相结合,可以提供进行财务分析的基本资料,分析企业资金周转情况和企业的盈利能力和水平。关于利润的基本公式如下:

净利润=营业收入-成本-费用-利息-税

(1)营业收入。

营业收入是一个企业实现利润的根本,实现企业主营业务利润持续增长的途径是增收、节支。营业收入的变化必然会引起应收账款、营业成本、费用的变化,通过之间的比例关系可以了解企业经营的合理性。尤其是营业成本和收入的关联度更高。通常情况下,费用增长比例应低于收入的增长比例,否则说明企业管理水平存在问题。

(2)净利润。

净利润是企业获取利润的源泉,是企业能够获得经营利润的重要保证,是判断企业经营质量的第一步,一眼可以看到当年是否盈利。关于毛利,应该关注营业成本和营业收入的增速比较,我们希望看到的是收入的增速大于成本的增速。通过两种指标的变化和对比关系,可以判断企业的发展趋势。

（3）净利率。

$$净利率 = 净利润/营业收入$$

净利率反映了企业销售在扣除成本后,尚有多少钱可用于期间费用的消耗以及多少可形成企业的盈利。净利率能直观反映企业的经营能力,体现了市场的地位以及是否有足够资源去扩大市场,有质量的净利率增长取决于销售收入的增速高于销售成本的增速。

3. 现金流量表——看生存

现金流量表是一份显示于指定时期（一般为一个月、一季、主要是一年的年报）的现金流入和流出的财政报告。通过现金流量表,可以概括反映经营活动、投资活动和筹资活动对企业现金流入流出的影响,对于评价企业的现实利润、财务状况及财务管理,要比损益表提供的信息更有效。企业的现金流动根据用途划分为经营、投资及融资三类。现金流量表可分析企业在短期内有没有足够现金去应付开销。

（1）经营活动现金流。

经营活动现金净流量>0,反映经营活动收现良好,现金偿债能力强,有多余资金用于投资、筹资活动。

经营活动现金净流量=0,反映主营业务"收支平衡",无多余资金进行投资、筹资活动。

经营活动现金净流量<0,反映主营业务现金流不佳,现金偿债能力弱,生存的风险加大。

经营活动现金净额低于净利润的可能原因如下:销售回款速度减慢(资产负债表应收账款);存货积压增加(看资产负债表存货);企业主业销售不理想,持续经营可能存在问题;维持正常经营需要更多的贷款或资本投入,增加了利息负担。

若一个企业经营活动现金净额长期低于净利润,甚至是负数时,则该种企业风险很大,存在长期入不敷出状态,特别是当企业负债很高,经营活动现金净额为负的话,该企业可能离破产就一步之遥。

(2) 投资活动现金流。

投资活动现金流是指企业长期资产(通常指一年以上)的购建及其处置产生的现金流量。

投资活动现金净额≤0,反映企业投资回收的资金小于投资的现金流出。投资活动产生的现金流量表现为负数是正常的,表示公司有扩大生产的投资活动。

投资活动现金净额>0,反映企业投资回收的资金大于投资的现金流出。投资活动产生的现金流量净额为正数说明公司本期有处置资产,产生了净收益,可能是收缩经营,有助于降低风险。

(3) 筹资活动现金流。

筹资活动现金流是指导致企业资本及债务的规模和构成发生变化的活动所产生的现金流量。

筹资活动现金净额≤0,反映企业自身资金充足,良性循环;或者信誉差,得不到筹资机会;或者缺乏扩张战略,经营比较保守;或者资本运作能力不强。

筹资活动现金净额>0,反映企业筹资能力强,或者自身资金不足,只能利用股票、债券融资。

通过财务分析,可以为企业经营、为管理层决策提供定制化的数据和分析支持。因此对于创业者来讲,理解财务分析相关内容是基础要求。

第三节　不同阶段的融资

关于融资的问题,在"第二章第三节缺钱和融资"中有说明。这里对一些基本要点做一些补充说明。创业公司融资,一般是结合业务需求从小到大递增的,和公司估值同步。按照一般逻辑,每经过一轮融资,公司业务得到发展,股价相应提高,在这个过程中,投资者的持股不断增值,后来的投资者才会对公司重新溢价投资。

创业项目的成功,离不开在成长的各个阶段及时得到投资支持。下面以阿里巴巴集团为例,了解项目融资经历的全部过程。阿里巴巴网络技术有限公司(简称:阿里巴巴集团)是以曾担任英语教师的马云为首的18人于1999年在杭州创立,在发展过程中,主要经历了以下融资。

种子期:种子期是指公司发展的早期阶段,在这个阶段,公司只有创意却没有具体的产品或服务,创业者只拥有一项技术上的新发明、新设想以及对未来企业的一个蓝图,甚至公司都还没注册。一般来说,种子期融资资金来源是创业者自掏腰包或者亲朋好友,也有一些项目在种子期获得投资人和投资机构的投资。

1999年10月,阿里巴巴集团从数家投资机构融资500万美元,此时阿里巴巴刚成立1个月。

天使轮:在这个阶段是,公司有了初步的产品可以面向市场,同时也有了初步的商业模式,初步积累了一些客户。投资来源一般是天使投资人、天使投资机构。

2000年1月,马云与孙正义(当时软银集团董事长、亚洲首富)初次会面,仅6分钟后,孙正义决定给马云的阿里巴巴投资2 000万美元,他们彼此认定,对方是最应该握手合作的人。9年后,阿里巴巴成为电子商务龙头企业,软银的投资获得了超百倍的回报。2014年9月19日,阿里巴巴于纽约证券交易所挂牌上市,股票代码"BABA",目前市值接近4 000亿美金,软银的回报再次升级。正是因为天使轮的果断投入及后续的支持,软银才能一直作为阿里巴巴的第一大股东,同时也获得了巨大的回报。

A轮:在这个阶段,公司产品基本成熟,商业模式不断完善并开始正常运作,项目的盈利模式获得验证,在行业内拥有一定地位和口碑。这个阶段公司可能依旧处于亏损状态。资金来源一般是专业的风险投资机构(VC)。

2004年2月,阿里巴巴集团从数家一线投资机构融资8 200万美元,成为当时中国互联网界最大规模的私募融资。此轮融资是阿里巴巴为了扩张进行的一轮融资,支付宝、淘宝等如今如日中天的软件正处于爆发期,正需资金支持。

B轮:公司经过一轮烧钱后,获得较大发展,公司相对成熟,商业模式也比较清晰,盈利能力得到市场保障,公司也可能已经开始盈利,需要更多的资金来拓展业务。这时候的投资人要么继续是风险投资人,要么PE基金开始进来。

2005年8月11日,阿里巴巴与雅虎宣布双方已签署合作协议,阿里巴巴收购雅虎中国全部资产,同时获雅虎10亿美元投资,并享有雅虎品牌及技术在中国的独家使用权,雅虎获阿里巴巴40%的经济利益和35%的投票权。同年10月,阿里巴巴集团接管中国雅虎。此轮为阿里巴巴上市前的准备,雅虎的加入为阿里巴巴提供了互联网方面及资金支持。此轮,雅虎可以算是PE投资。

C轮:从融资的概念来讲,公司还可以有上市前的融资,一般称为C轮融资,这个阶段公司发展已经非常成熟,离上市不远了。公司业务实现稳定盈利,在行业内基本坐上了前三把交椅。这轮除了拓展新业务,也有补全商业闭环、写好故事准备上市的意图。资金来源主要是PE,有些之前的VC也会选择跟投。

补充阅读:阿里巴巴在资本市场的发展经历

为内容完整起见,对阿里巴巴后期在资本市场发展情况说明如下。

香港上市:2007年11月,阿里巴巴网络有限公司在香港联交所主板挂牌上市,成为中国最大的互联网公司,市值约280亿美金。

香港退市:2012 年 6 月 20 日,阿里巴巴网络有限公司(代码 1688)在香港联交所退市,市场瞩目的阿里巴巴私有化落幕。同年 7 月 23 日,阿里巴巴集团宣布将调整公司组织架构,从原有的子公司制调整为事业群制,把现有子公司的业务调整为淘宝、一淘、天猫、聚划算、阿里国际业务、阿里小企业业务和阿里云七个事业群。9 月,阿里巴巴集团完成对雅虎初步的股份回购并重组与雅虎的关系。

退市争议:这"一退一上"引发了不少网络口水战。阿里巴巴退市后,究竟靠什么使公司市值如此突飞猛进。细看核心业务,两家同名的上市公司却有着不同的核心业务。马云外语专业出身,阿里巴巴也以外贸网站起步,后来电子商务业务从外贸企业对企业(B2B)延伸涉足个人对个人(C2C)即淘宝网,再后来推出了企业对个人(B2C)的天猫。阿里巴巴拿出外贸 B2B 在香港上市,一度受到市场热捧,后来业绩并不理想,退市前的股价已严重跌破发行价。可见,不是退市后阿里巴巴发生了什么,而是上市公司资产的不同导致不同的定价。如果放在 A 股市场,阿里巴巴此次赴美上市讲的其实就是整体上市的故事。外贸 B2B 已经不是公司的核心业务,C2C、B2C、支付宝(目前已经从阿里巴巴剥离)等早已取代了 B2B 的地位。阿里巴巴没有搞资产注入,不搞加法反而做减法(退市前一年将支付宝业务从上市公司剥离),可能与考虑解决公司复杂的股权问题以及公司的资本战略有关。从市场角度看,两个同名公司的市值差异,是市场为不同业务贴上的差异化价值标签。

美股上市:2014 年 9 月 19 日,阿里巴巴集团于纽约证券交易所正式挂牌上市,股票代码"BABA",首次公开募股(IPO)发行价为 68 美元/股,募集资金约 220 亿美元,超越 VISA 上市时的 197 亿美元,成为美国市场上有史以来最大规模的 IPO 交易。

> **美国上市的意义**:(1)通过上市实现了企业资产的证券化;(2)纽约交易所有史以来规模最大的IPO,给阿里巴巴带来极大的关注效应,提高其海外声誉和品牌价值,积累无形资产;(3)阿里巴巴的可变利益实体模式(Variable Interest Entities,VIE)实现。国内称"协议控制",即境外注册的上市实体与境内的业务运营实体相分离后,境外上市实体通过协议的方式控制境内的业务实体。2017年至笔者成稿时,阿里巴巴股价一路高走,目前已经突破170美元/股。

总结:天使投资是风险投资的一种。二者相比,风险投资一般投资额较大,在投入资金的同时也投入管理,并且会随着所投资企业的发展逐步增加投入;天使投资投入资金额一般较小,一次投入,不参与企业直接管理,对投资企业的选择更多基于投资人的主观判断甚至喜好。

PE与VC虽然都是对上市前企业的投资,但是两者在投资阶段、投资规模、投资理念和投资特点等方面有很大的不同。以阿里巴巴、腾讯为代表的知名中国企业,在资本市场上获得巨大的成功,其上市前的每轮融资都是十分重要的,是成功道路上的基石,由此也可见天使轮、VC、PE等不同投资方式的重要性和区别性。

第四节 税务基本常识

税收是政府为了满足社会公共需要,凭借政治权利,强制、无偿取得财政收入的一种形式,其本质是一种分配关系。税法规定的纳税人有两种基本形式:自然人和法人。企业作为法人实体,自然具有依法纳税的义务。一个企业的经营运转,要经历诸多流转环节,各环节都有可能成为纳税环节。

我国的税收分别由税务、海关等系统负责征收管理。国家税务局系统负责征收和管理的税种有：增值税、消费税、车辆购置税、部分企业的企业所得税等。地方税务局系统负责征收和管理的税种有：个人所得税、资源税、城镇土地使用税、土地增值税、房产税、印花税和契税等。海关系统负责征收和管理的项目有：关税、代征进出口环节的增值税和消费税。

根据税种的类型，企业主要涉及的是所得税和流转税，现简要介绍如下：

1. 企业所得税

指对中华人民共和国境内的企业，就其来源于中国境内外的生产经营所得和其他所得而征收的一种税。企业所得税按应纳税所得额（调整以后的利润）计算缴纳，其中国家重点扶持的高新技术企业所得税税率为15%，符合条件的小微企业和非居民企业所得税税率为20%，一般企业所得税税率为25%。同时，西部大开发政策有效期内，符合西部大开发政策的企业，所得税税率按照15%征收。

2. 增值税

增值税是流转税的首要代表，是对商品生产、流通、劳务服务中多个环节的新增价值或商品的附加值征收的一种流转税。在中华人民共和国境内销售货物或者提供加工、修理修配劳务以及进口货物的单位和个人，为增值税的纳税义务人。增值税的现行税率按销售收入17%、11%、6%、3%缴纳（分别适用增值税一般纳税人、电信和建安类等纳税人、金融等服务类纳税人、小规模工业企业及商业企业纳税人）。

3. 房产税

房产税是以房屋为征税对象,按房屋的计税余值或租金收入为计税依据,向产权所有人征收的一种财产税。凡在我国境内拥有房屋产权的单位和个人都是房产税的纳税义务人,房产税按自有房产原值的 70%×1.2% 缴纳。

4. 印花税

印花税以经济活动中签订的各种合同、产权转移书据、营业账簿、权利许可证照等应税凭证文件为对象所征的税种。印花税由纳税人按规定应税的比例和定额自行购买并粘贴印花税票。购销合同按购销金额的 0.03% 贴花;租赁合同按金额 0.1% 贴花,贴花账本按 5 元/本缴纳(每年启用时);年度按"实收资本"与"资本公积"之和的 0.05% 缴纳。

企业的税费统筹是一个政策性、程序性和技巧性很强的业务,对企业成本控制有重要影响。例如研发费用的加计扣除,不同的会计科目、不同业务其课税税种和税率不同。另外还有一些需要注意的特殊条件,如西部大开发地区,国家级高新技术企业,还有一些国家级开发区都有区别的税费政策。企业有必要聘请经验丰富的财务人员,这个钱不能省。在创业期,也有必要通过会计师事务所做好企业的税费统筹。

第五节 专利的申报和价值实现

专利从字面上是指专有的权利和利益。专利一词来源于拉丁语"Litterae patentes",意为公开的信件或公共文献。专利是由政府机关或者代表若干国家的区域性组织根据申请而颁发的一种文件,文件记载了发明创造的内容,并且在一定时期内提供法律保护,他人只有经专利权人许可才能予以实施。在我国,专利分为发明、实用新型和外观设计三种类型。

1. 专利的作用

专利作为技术创新的保护制度,也是企业获取竞争优势的主要手段。对初创型、成长期的中小型企业来讲,好的专利可以帮助产品进入市场,获得投资。对成熟的大公司来讲,专利可以在更多方面发挥作用,例如营造竞争壁垒、专利资产运营等。

专利可以带给企业的具体好处很多,主要有以下方面:
- 获得法律保护,构成技术壁垒,获得利益最大化;
- 在市场竞争中争取主动,确保自身生产与销售的安全;
- 获得国家的扶持政策,如专利奖励、高新技术企业政策;
- 反过来防止其他企业申报同类专利,限制自身发展;
- 可以促进产品的更新换代,提高产品的技术含量和产品质量,降低成本;
- 体现企业实力,是企业的无形资产,扩大宣传效果;
- 专利技术可以作为商品出售,比单纯的技术转让更有效。

另外,专利既可用作盾,保护自己的技术和产品;也可用作矛,打击对手的侵权行为。充分利用专利的各项功能,对企业的生产经营具有极大的促进作用。

2. 专利申报流程

专利申报流程包括以下环节:

(1) 明确专利素材的来源。

专利素材来源于原创性工作,将这一原创性工作过程中符合申请专利的内容整理出来,形成技术交底书。专利成功申报的基础就是一份好的技术交底书。专利要满足新颖性、创造性和实用性三项要求。企业要进行必要的培训,并制定激励措施,调动研发人员申报专利的积极性。对技术人员来讲,撰写技术交底书费时费力,甚至会耽误研发进度,对个人没有直接收益,所以大多缺乏主动性。

具体措施:在项目立项时明确要产出的专利数量和类型,把专利的产出在技术文件之初就提到和项目、研发目标同等重要的地位。同时可以提供一定的奖金,比如提出技术交底书、完成受理、实施审查,以及授权后的不同阶段的奖励额,每阶段的额度视具体情况而定。有针对性的奖惩措施可以保证专利素材出得来、出得好、出得实。

(2) 明确专利类别。

我国的专利主要有发明专利、实用新型专利、外观专利三种。外观专利大家比较容易理解,就发明专利和实用新型专利而言,在我国现行的专利法中,实用新型和发明都是专利法保护的对象,它们都是科学技术上的发明创造,从这个意义上讲两者的本质是相同的。但实际上,这两种专利又有许多的不同,主要归纳为以下四点:实用新型的创造性低于发明;实用新型所包含的范围小于发明;实用新型专利的保护期短于发明;实用新型专利的审批过程比发明专利简单。所以,要根据技术交底书的内容和上述标准判断到底应该申报哪一类专利。

(3) 提交技术交底书。

国家知识产权局有专门的受理通道来进行专利的受理,也有专业的技术文本要求。在这一阶段有两种途径:一种是自己按照文本要求整理后提交,另一种就是委托专业的代理机构来进行文字整理、润色、形式修改、内容商议性修改,直至提交,当然要花费一定的代理费,但是对最后的授权会有一定的帮助。

（4）费用减免申请。

在向国家知识产权局提交申请之前要对申报主体进行费用减免申请，国家有政策对符合一定标准的企、事业单位的专利申请、实审、答辩、授权、维护年费等阶段的费用给予一定额度的减免，可以减轻企业在上述过程中的成本压力。

（5）书面答辩。

发明专利在授权过程中还有书面答辩环节，在该环节中：一是要及时关注答辩通知并及时响应，过期会导致终止或者作废；二是要组织工程师或者研发人员及时准确地回答审查员提出的问题，并完成书面答辩材料的有效提交。

专利是一种重要的无形资产，是企业资产的一部分，具有企业资产通识化的各种属性，只是表现形式上和实体资产、资本资产有所不同。对公司来讲，专利申请可以保护企业的发明成果，防止科研成果流失。企业依靠专利进行自我保护，依靠专利防止新品、畅销产品被快速模仿、复制、假冒。所以说专利不仅是企业核心竞争力的体现，也是提高企业经济效益，维权和进攻的重要武器，专利战略则成为形成公司核心竞争力的战略，成为公司发展的保护策略。

3. 专利成果资本化

对于科技型、创业型企业，要重点关注专利成果资本化问题。专利资本化是指专利权人将其知识产权量化为资本进行投资或转让等活动，这里还有研发、人力、经营性成本摊销到专利成果中的问题，和其他生产要素一起直接参与到生产、投资和分配等经济活动的全过程中，是将专利权物化为实物财产的重要方式。

（1）专利融资。

专利融资是指股东拥有的专利财产权经国家权威知识产权评估

机构评估作价后,按照相关法规规定用作公司注册资本金的行为。这个过程中要注意专利估值后的成本摊销,因为无形资产的有效使用期是10—20年,在这期间专利的价值会简单按照时间分摊到每个财年,对企业的利润构成影响。

(2)专利自行实施。

凡是制造、使用或者销售取得专利权的产品,以及使用取得专利权的方法的行为,统称之为专利实施。企业在具备实施条件时可以自己实施专利技术,既可以使专利价值最大化,又可以使技术创新成果化,这一点比较容易理解,在此就不展开说明了。

(3)专利许可(授权)使用。

专利许可是指专利权人或经专利权人授权的其他人将在某一国或某几个国家取得的专利许可给被许可方实施,答应被许可方在约定的范围内利用该专利技术制造、使用和销售产品,被许可方须向许可方支付一定的专利使用费,作为使用该专利技术的酬金。专利许可必须签订书面合同,交易中只转让专利使用权而不是专利所有权。这个许可一般分为主动和被动两种,主动许可使用比较好理解,而被动许可就是企业自己虽然具备了某项专利技术,但是不具备自行生产实施的能力,又想获益,就许可其他有能力的企业实施该项技术,获取一定的专利许可费。

(4)专利质押(贷款)。

专利质押是指专利权人以合法拥有的专利权中的财产权为质押标的物出质,经评估作价后向银行等融资机构获取资金,并按期偿还资金本息的一种融资行为。这是金融贷款业务的一种创新,因为银行贷款一般要求一定的质押物,如土地、厂房等,没有这些实物性资产的话一般很难从银行拿到贷款,而科技型、初创型企业大都是轻资产的,没有上述类似的质押物,很难拿到贷款,可能会影响企业的发展。有了专利质押(贷款)形式之后,就可以将专利以某种合适的形式质押给银行获取贷款,这也是一条有效的途径。通常,企业专利质押(贷款)融资管理在较大程度上依赖于相关的政策环境和外部支持条件,即需要政府、金融机构和企业协同建设,完善政策规范,创新企业专利质押融资模式。

(5)专利信托。

专利信托是指专利权人将自己的专利技术的转化工作委托别人(即金融信托投资机构),受托人依照国家有关法律、法规接受专利委托,并着力于将受托项目进行转化的一种信托业务。专利信托将信托制度应用到专利领域,是近几年兴起的一种新的专利资本化方式。

(6)专利权转让。

专利权转让是指专利权人作为转让方,将其发明创造专利的所有权移转受让方,受让方支付约定的价款。通过专利权转让合同取得专利权的当事人,即成为新的合法专利权人。企业可以通过专利权转让获取收益,一方面为了填平专利技术的研发成本和申请、维持、管理成本,另一方面可以获取转让利润。但要特别注意的是,企业一旦将专利权转让后,自己后续将无法获得该专利权带来的一切收益,并且,若想要实施该专利技术则要得到新的合法专利权人的授权或许可,并支付一定的费用。因此,企业应综合考虑各方面因素后再决定是否要进行专利权转让,以免造成不可挽回的损失。

(7)其他相关事宜。

知识产权股权基金是知识产权投融资的主要模式之一,在技术创新转化、知识产权运营方面发挥着越来越重要的作用,也是日益成为企业关键核心技术资源整合和专利市场竞争的有效手段,是实现技术创新价值和收益的一种途径。

2014版《公司法》的实行更使得企业运用知识产权作价出资更加柔性,权利人可以根据实际情况自主决定哪些知识产权可以作价出资、作价出资的金额多大、占多大比例、如何分红、权利如何行使等,为股东留下了巨大的运作空间。知识产权出资人和货币出资人充分领会新《公司法》有关规定,完全可以发挥专利(知识产权)与现金资本间的联动关系,实现资本合理放大。可以通过专利这项工具安全有效地将研发、科技成果转化为企业财富,助力企业发展。

第六节 适度的包装

　　成功的企业家之所以会成功,一个重要的原因就是他懂得怎样向经验丰富的投资商推销他的公司、产品和梦想,从而获得资金支持。风险投资公司一年要听数百位企业家阐述他们的创业计划,可最后获得投资的企业是少数。因此,除了实力展示之外,适度的包装也是获得投资的重要方面。

　　所谓适度指的是用于包装的资源消耗和包装的程度,要与创业企业的实际情况相符合。简而言之,就是既不能忽视企业和产品的包装,也要在包装这事上量力而为,避免过度包装。由于产品、技术、市场和团队是投资人最终关注的核心内容,包装的首要任务和基本目标在于清晰、充分、有效地向投资人传达项目核心要素的优势。另一方面,通过适度的包装,可以向投资人展现创业团队在商业推广上的基础能力和综合素质,同时展示项目与商业推广相关的无形资产积累。

　　适度的包装必须关注包装的成本。对于多数初创企业来讲,大多不具备专业的包装设计团队,需要根据企业的实际情况合理规划用于外包设计的预算。在这个资金特别有限却需要打好品牌形象基础的阶段,建议将视觉设计工作尽量委托有能力提供较高品质服务的专业设计团队,遵循保持合理单价、减少非必要项目的策略,以达到控制总体包装预算的目的。

　　综合上述两方面的目标,并结合成本控制考虑,建议初创阶段创业企业实施的包装内容主要包括:企业标识设计和商标注册,企业官网的域名注册、网页设计和内容建设,产品的工业设计和必要的功能演示动画,名片、PPT 模板、企业/项目宣传册的设计和制作,以及大家都懂的重中之重:面向投资商的投资项目介绍及商业计划书。

下面要重点介绍两类大家比较不熟悉的包装内容。

一是商标注册和域名注册。这是比较容易被初创企业忽视的工作,需要和企业命名、企业标识设计关联起来进行整体策划和推进。由于涉及无形资产的注册和购买,在企业初创期完成这些工作可以最大限度地降低成本。另一方面,越早形成企业标识、注册商标、官网域名等统一的基础品牌符号,越容易使企业品牌形成统一、有效且可持续的传播,长远看可以为后续的企业品牌和产品推广提升效果、降低成本。

二是产品的工业设计。这是产品开发中的一个重要方面,主要用来提升产品的视觉品质和使用体验。相对于产品的技术原型,经过良好工业设计的产品方案可以在一定程度上提升产品在投资者眼中的价值。但由于工业设计的后续实现成本较高,对于资金有限的初创企业,可以考虑阶段性推进的策略,即设计先行、实现后延的策略,在项目介绍和商业计划书里向投资者展示基于产品技术原型的、具备更好视觉品质和使用体验的工业设计方案。

第六章　有没有绝招

第一节　投靠山：找一个平台化的机构做背景
第二节　找替身：可以肝胆相照、荣辱与共的死党
第三节　拜金主：找到适合的投资人
第四节　招死士：找到志同道合的合伙人
第五节　借品牌：找一个有背景的品牌做信用背书
第六节　重人性：优点和弱点同样需要重视
第七节　会低调：有所为有所不为

成功不可复制,但经验可以借鉴。体制内科技工作者创业会面临一些共性问题,同样也会有一些共性的方法,为了少走弯路,既要自力更生,还要善于借力。笔者针对体制内科技工作者创业的常见困难总结出一套操作建议,形象概括为:投靠山、找替身、拜金主、招死士、借品牌、重人性、会低调七个方面,联合起来是一个系统,对某一个方面也可以单独实施。

关于体制内科技工作者创业,有共性的问题,也就有一些共性的方法。笔者总结出一套操作方法,直接针对体制内科技工作者创业常见的困难,接地气、可操作。为了形象理解和运用这些方法,笔者称之为绝招,包括:投靠山、找替身、拜金主、招死士、借品牌、重人性、会低调。这七个办法互相结合,涉及创业的多个环节、多个方面。

第一节 投靠山:找一个平台化的机构做背景

体制内科技工作者创业,大多数人会用专利作价完成一部分注资,但很难界定技术来源是否属于职务发明,形成的知识侵权隐患是引进投资和上市的重要障碍。当前常见的做法是,所在单位通过知识产权入股成为项目股东,按《促进科技成果转化法》对作为专利发明人的创业者进行奖励,创业者自然也成为项目股东。在此条件下,创业企业就有了不同程度的国有资产成分,要服从国有资产管理的相关规定。

同时,体制内科技工作者创业要面对重重困难,需要多方面的支持,例如:

(1)需要全业务链服务,包括技术服务、生产服务、营销服务等。

（2）需要全要素的服务，包括技术、人才、投融资、法务、商务等。

（3）需要处理体制内企业面临的知识产权来源问题、国资管理问题等。

对于上述问题，推荐一个方法：依托一个国有平台来创业和发展。平台的作用主要有以下几点。

1. 解决技术来源问题，建立起与科研单位的协同发展关系

关于技术来源问题，创业者可以选择一个国有性质的产业平台，代表体制内单位实施投资职能，并持有创业公司的股份。关键在于：这个平台不仅具有法定的投资功能。一个好的平台，能够有效整合资源，可以营造出适合创业项目生长的产业生态，帮助创业项目抱团取暖，借船出海。对于初入创业场的科技工作者来讲，平台还有防护墙的作用，帮助识别和隔离一些风险。

同时，好的平台可以加强创业公司和所在单位的资源共享和业务协同。高校和研究院所等科研单位有丰富的技术、人才、项目积累，也是对外合作的更大平台。通过平台链接，可以向创业项目移植相同的基因，由平台为创业项目做信用背书，有助于各种资源导入和市场拓展。同时，在平台支持下，创业项目的科研成果产业化也可以反哺科研单位，在人才培养、科研、资金回报等方面形成持续互动关系。

2. 协助处理与国有资产管理机构、科研单位之间的关系

国有资产管理机构的产业引导力强、资金雄厚，科研单位科技力量强大、创新成果丰富，二者都是科技型创业项目优质的合作对象。但是，科技型企业一旦涉及国有资产管理机构和科研单位，就会涉及大量的请示报告、审批备案、沟通协调工作，容易分散创业者的精力，处理不当还容易出现失误或者埋下隐患。

所以,建议通过投靠的平台把这些问题统筹起来处理。可以通过平台代替国有资产持有创业项目的股份,这样,平台就成为创业项目和国有资产管理部门的中间地带,可以帮助理顺和国有资产管理部门的关系,并协调开展相关工作。既可以保证合作的效率,又可以避免将大量烦琐的事务性工作过多地带入业务公司。

3. 借助平台导入管理体系,完善公司治理结构

创业之初千头万绪,要做的事情很多,需要把有限的资源和大部分精力集中在市场、产品、团队等发展要务上,同时避免走错路,少走弯路。创业者由于经验不足,同时受形势所迫,自然会重点关注市场、产品、技术、团队,以及融资等业务,而对企业的股权结构、分级决策程序、内控制度等公司治理结构缺乏重视。从长远来看,初始格局的规划如果缺乏大局观、系统性,就容易限制后期的发展,影响运行效率,甚至构成发展瓶颈。

借助平台长期积累,可以通过要素流动、模式复制、资源共享的方式帮助创业公司发展,导入管理体系,完善治理结构。平台可以在以下方面提供支持:一是在平台体系下帮助创业项目完善顶层设计,做好发展规划,完善公司治理结构。二是支持业务开展,包括技术、采购、生产、市场、营销、行政、金融、基地、政府关系等事务,甚至共享一些部门和功能,形成合力,减少内耗及重复工作,例如营销、研发、后勤,以及人资、财务等事务性管理工作。三是通过平台的系统导入,在人资、财务、审计、行政、法务上帮助创业企业完善管控体系,包括体制机制、业务流程、工作标准的导入。

4. 从平台获得项目启动资源,帮助公司加快完成初期积累

常说英雄不问出处,但反过来也要理解出身很重要。投资人考察

项目,客户考察合作对象,市场考察产品,都会关注考察方的实力。但对于初创企业来讲,缺少足够的证明条件。在此条件下,创业项目投靠的平台作为考察背景,平台自身品牌的影响力可以为项目提供信用背书。

有实力的平台可以充分运用其股东背景、技术积淀、关系网络为早期项目背书,并能够赋予创业企业多方面的支持,包括市场、品牌、人才、基地筹建、研究院建设、投融资等各项资源,还能够通过人资、财务、投后管理等体系为业务公司提供支持,持续帮助初创企业。初创企业站在平台肩膀上,等于继承了平台的资源和积淀,无形中扩大了自己的影响力。

第二节　找替身:可以肝胆相照、荣辱与共的死党

科技工作者决定创业后,根据自己在企业扮演的角色不同大致会有三种情况:第一种是超人型,科研负责人、企业董事长、企业总经理由创业者一人负责,即不脱离科研岗位进行创业。第二种是家长型,创业者只负责企业战略,由创业者的学生、同门师兄弟或者自己亲属等担任企业实际的经营负责人。第三种是比较彻底的转型创业,即创始人把主要精力从科研工作转移投入到企业发展中,亲自担任企业的董事长兼总经理。

无论是哪种情况都需要认识到,总经理在创业初期至关重要,这个岗位对个人综合能力要求非常高,他要负责将零散的创业要素集成为完整的、连续的企业功能。在创立初期,企业是否能快速摆脱危险期进入良性发展,很大程度上取决于总经理的个人能力。因此笔者建议总经理岗位要全职,做到全力以赴,如果不是创始人亲自担任,一定要选择能人担任,而不是选择听话的人。同样的,总经理也需要"搭班子、带队伍",选好自己的左膀右臂,确保自己有时间从企业整体的视角去把握企业运营,避免陷入杂务和细节之中。

根据笔者观察,第一种和第二种情况的企业鲜有成功者。主要原因是:第一种情况下,创业者没有足够的精力投入到企业中。企业运营是一件非常占用精力的事,创业者面临的困难、需要的知识和技能与从事科研工作有很大不同,课题组长一肩挑的情况下,容易出现角色混淆、故步自封、缺少突破等问题,容易把企业经营成鸡肋甚至是僵尸企业。第二种情况下,课题组长大多做不到足够放权。一方面,课题组长在长期的科研工作中积累的权威、好奇心和自信具有惯性,会对企业经营产生强烈兴趣并经常发号施令,干扰企业运营,打乱运行节奏,给总经理增添很多额外的工作,造成其精力浪费,严重时会导致总经理产生抵触情绪,为企业顶层架构的稳定埋下隐患。另一方面是由于课题组长在科研管理中亲力亲为久了,面对的主要是自己的学生,容易养成家长作风,习惯在某些具体问题上干扰总经理,越级指挥是管理大忌,课题组长在不完全掌握一线信息的情况下做出的越级指挥,往往都是不客观甚至是错误的,而如果总经理也是从体制中而来,那么体制内的沉默文化会纵容课题组长错误指挥,形成恶性循环,这也是很多科研机构创办的企业有明显官僚气息的一个重要原因。

笔者认为比较有效的是第三种情况,即创始人亲自全职挂帅从事企业经营。现实中,一些科技人员不能脱离科技岗位,但又十分希望创业,动机在前面也分析过。对策建议就是找替身,找一个可信赖的人代替自己出任总经理,最大限度地充分授权。

1. 能与创业者同甘共苦、荣辱与共

物欲横流的时代,能够把大家长久聚合,有难不逃、有利不散的黏合剂是什么?放眼四周,看到很多创业伙伴在困难面前散架,不少的是在利益面前纷争。能够保持始终稳定的团队,一定在文化上高度一致,有共同的价值观,表现出对共同目标、共同责任、共同利益的高度认可。创业者要寻找的创业替身,能够做到高度互信,所谓的同甘共

苦、荣辱与共，双方可以做到对事业发展目标的高度一致，对管理经营原则的高度认同，对权利分配方式的高度认可，以及个人价值的充分实现。

2. 创业意志坚定，绝不轻言放弃

选择替身时，人品比智商、情商、背景资源更为重要。人品好，有底线，一个人好不是看他好起来能做什么好事，而是看他坏起来不做什么坏事。具有良好人品的替身，才能够不断强化真诚、责任、包容、互助和分享的关系。

选择创业，是选择了一条充满荆棘、坎坷不平的长征路，没有那么多鲜花和掌声，在事业成功之前，更多的是要独自承受灰暗岁月的煎熬，面对困境所做出的每一个决定，所依靠的就是创业者强大的内心力量。只有意志坚定者才能冲出重重逆境，千方百计在低落时给自己加油，到出发时又充满希望，共同结伴继续前行。选择的替身，一定是意志坚定者，能坚持、不轻言放弃者，彼此才能给对方强大的支持。

3. 要求替身做到的，创业者要做得更好

替身不是天然存在，信任从来就是互相的。创业者的个人魅力、领导能力，成为吸引追随者的重要条件。有能力的人选择加入创业，把自己的未来托付给创始人，甚至放弃现有的优越工作，敢用青春赌明天，一定是对创业者的高度认可。

所以，要求替身能做到的，创业者自己要做得更好。这是对一个成功创业者的基本要求。人品、格局、能力、信任、支持、互补，也包括情怀、价值观，创业者传递给替身的信息，要有足够的感召力。

第三节 拜金主:找到适合的投资人

创业中常见的困难是缺钱。在创业初期选择合适的投资人非常重要,不要片面追求投资多、估值高的投资人。要选择一个适合的投资人,一是其资源和企业发展能有效匹配;二是在项目发展方向、发展格局、价值观等方面的认同;三是在业务渠道、经验、能力方面能提供及时支持,并且能够与创业者长期合作。这样的投资人能够提供持续支持,总体上具有以下特点。

1. 适合的投资人是创业者的最佳观众

适合的投资人对于企业的经营行为不会横加干涉,尊重发展规律,尊重管理者经营理念。适合的投资人会从第三方的角度观察项目运行并提出建议。适合的投资人,不管是风险投资、战略投资,也不管是机构投资、个人投资者,应该有深厚的产业背景、丰富的创业经历和有效的业务渠道。

创业者在初期大多聚焦企业和行业的具体经营问题,对跨界的问题缺乏了解。但投资人由于接触行业宽泛,对商业模式、发展策略、业务创新等问题有丰富积累,通过投资人的帮助,有利于企业把握发展方向、防控风险、拓展市场、开展对外合作,帮助创业者跳出自身局限。另外,由于投资者股东的身份,且大多具有成功创业经验,或者投资过优秀的创业企业,其提出的意见更容易与创业者产生共鸣,并被团队接纳、消化和吸收。

2. 适合的投资人能帮助创业者减轻融资压力

从接触投资者到投资到位,要经过制定商业计划书、尽职调查、沟通谈判、预测和估值、签订协议、打款等环节,时间最短要 3—6 个月,有些要 1 年以上。专业的投资人善于有效推进,可以让创业者把精力更多放在企业业务上,避免反复扯皮。在投资协议签订后,资金如期到账也非常重要,一方面保证企业正常运行,能按计划发展;另一方面让团队在弹药充足的条件下全身心投入企业运营。在后续企业发展壮大需要进一步融资的时候,有些投资人还会继续跟投,和企业一同成长。投资人对企业发展有信心,既能坚定创业者的信念,也节省了大量重新融资的精力。

3. 适合的投资人能做到帮忙不添乱

投资人完成投资后会关注投资收益,进而会关注经营行为,如果企业未实现盈利,就可能会对企业进行"指导",而不顾及客观实际。投资方对企业的过多干涉会扰乱经营的节奏,更有甚者会让创始人顾虑是否会争夺控制权,导致人心不稳。特别是在互联网概念泛滥的今天,快进快出的短线投资理念盛行,而实体产业的积累周期长,导致很多投资者不投实体产业,或者投后着急愿意拔苗助长。

所以,在这种环境中,那些能理解行业、能看到企业未来成长性的投资者是值得珍惜的。同时,选择投资者的身价最好要远大于投资额,即便是投资者独具慧眼,也要避免在一个项目上让其投入身家性命,心态不同也影响其后续对企业的管控态度。当投资人有玩的心态,可以给企业提供宽松的成长土壤。

4. 避免主营业务单一的产业投资人争夺控制权的隐患

创业者不要低估自己对企业控制权的欲望。创业者创建企业如同养育自己的孩子一样,潜意识里对控制权非常在意,而且控制权稳定非常重要,关乎经营理念的贯彻,团队人心的稳定,企业的长远发展。现实中,产业投资人投资决策快,对被投企业的财务现状相对宽容,又有创业企业发展所需的行业资源,常常深受创业者的喜爱,但如果投资者是主营比较单一的产业投资人,创业者则必须准确了解其投资意图。若投资意图只是通过股权投资方式增加产业上下游合作的稳固性,产生协同效应,则是一件两全其美的事;而如果产业投资人投资目的是突破其主营业务的单一性,意图借助投资进行战略性业务延展或掌控关键技术,则创业者需要有所警觉,因为这种类型的投资人即使初期只是小比例参股,未来往往也会对企业的控制权有所期待。

5. 适合的投资人要充分认可经营团队

投资人对管理团队的认可和信任对于企业的稳定发展至关重要。实践中,不少投资人投资是由于信任科研单位的品牌,或者课题组长的名声,对技术成果转化为市场商品的难度估计不足,当企业发展与预期出现差距时,就会打退堂鼓,甚至还会从盲目信任的极端走到完全否定的极端,造成项目夭折。适合的投资人会按照创业项目的基本要件进行考察论证,包括经营团队、技术产品、行业成熟度、商业计划、经营模式等。其中特别是对创业者和创业团队的认可,是做出投资决策的基础。投资人只有充分认可经营团队,才能在商业拼杀的起伏中,以宽容的心态考量企业的试错成本,给予企业成长的时间。

6. 选择投资方要先看人后看公司,人比公司更重要

投资团队应该是创业团队的志同道合者,他们体现出来的价值观、处事方法、责任心比其代表的投资公司更重要。通过和该团队投资的其他企业负责人沟通,可以了解投资团队投资和管理的偏好。不要简单相信看到的表面现象,事实怎样,跟投资团队已经投资的创业者聊聊就清楚了。

如果可以的话,不妨和投资人喝杯小酒。喝小酒的工作方法在华为的工作方法和稻盛和夫的书里也经常讲到。人是讲感情的,酒后大家无所不谈,聊一聊人生感想,聊一聊兴趣爱好,在这个过程中能够发现大家对财富、身份、社会、政治、宗教,以及对不同文化的价值判断,能让彼此之间建立更多的关联和了解。一般来讲,靠谱的投资人表现得专业、务实、实干、勤奋,而不靠谱的投资人表现得高高在上、犹豫不决、斤斤计较、假公济私等。如果能和有共同追求的朋友一起做事情,在这个过程中互相认可、互相支持,这也是一件快乐的事情。

第四节　招死士:找到志同道合的合伙人

除了前面讲的替身,成功的创业者还需要有一批忠诚的追随者,在创业中大家是共同事业的合伙人。创业初期是企业最艰难的生死期,创业合伙人是要具有"向死而生"精神的冒险家。创业者要直面自己的内心,在这个过程中时而打鸡血般兴奋,时而孤独寂寞冷,这种心态的微妙只有创业者能够切身体会。

创业需要一个骨干团队,不是以雇佣关系而是以合伙人关系形成的事业共同体,成员是创业带头人忠诚的追随者。有志同道合的合伙人结伴前行,不仅在事业上相互扶持,还会在精神上产生共鸣,成为同甘共苦的患难伙伴。大家有共同的事业,更有共同的目标,面对各种困难都会一如既往地相互支持,不抛弃不放弃,摧不垮打不倒。创业初期往往困难重重,压力巨大,危机四伏,需要合伙人凝心聚力、团结一致,敢于牺牲自我成就企业,带领团队破釜沉舟杀出重围。甚至到了企业生死的逆境期,当野蛮人三五成群来敲门时,合伙人是敢于与野蛮人肉搏的死士,而不是弹铗而歌的食客。

合伙人团队的组建至关重要,有人说"企业500人以下规模时,招人的事老总一定亲自看",说明了人的重要性,更何况作为核心骨干的合伙人团队。

1. 充分考察、以德为先、量才适用

经营企业首先是经营人，做好权责利能的匹配，企业才能有效运转。组建合伙人团队，要有充分的信任基础，一定要做到以德为先、举才唯贤、举才唯能。不怕没好事，就怕没好人，如果用人不当，企业被做坏，到时连朋友都不能做了。

团队建设需要一个磨合的过程，包括价值认同和能力成长。知识管理的研究指出：可以用某种形式表达出来的知识是显性知识，仅占很小的一部分，大量的知识是隐性知识，隐藏在个人的习惯、经验、性格中。对合伙人的考察，具体方法就是共事一段时间，通过有关重要事项的处理，促进双方在价值观、方法论上的融合，后期的工作也就不容易在方向上跑偏。

同时，合伙人作为核心团队的骨干成员，还要重点考察价值观的认同，要有共同理想、共同目标、共同利益，在此基础上，才会有共同责任，共同行动。

2. 充分授权、权责对等、有效管控

获得授权是承担责任的基础，也是对被授权者能力和品质的信任，所以应在授权范围内有行使职权的自由空间。管理者不能越权干涉，保证在授权范围内可以独立自主开展工作。授权要根据各职能部门的岗位职责和工作要求，在充分认知团队骨干的能力、性格、优缺点后，按照权责对等的原则明确授权范围，作为企业岗位责任公示。

但充分授权并不等于完全放任，不干涉并不等于不了解，更不等于缺少控制，要在信息对称的条件下设置控制节点和关键环节，做好过程控制和质量管理，做到过程可控，结果可控。有效管控包括多个层面，在原则、底线、方向、策略等顶层思路上需要把控；在速度、节奏、

方法、深度等工作要点上进行掌控;在结果、反馈、群众意见等目标方面进行监控;有时还要对负责人及团队的情绪、氛围、状态有所了解,才能有依据、有策略地进行管控,确保整体目标的实现。

有效管控和充分授权就如同放风筝,讲的是因势利导,能收能放。操控者看准风向、看清风势、冷静操作,通过一丝细线将风筝放飞天空,结合风势变化对风筝的高低、方位、快慢进行调节。

3. 目标导向、多维考核、共同成长

企业的使命需要转化为目标,管理效果的体现最终还是看管理目标是否实现。团队的目标设定需要通过沟通并达成一致意见,形成"团体意识"。同时,目标设定应该多维度,除了有易于分解、容易量化的绩效,还要一些定性的目标,要关注个体能力的进步。通过多维度考核跟踪,发现问题,及时协商、及时处理、及时采取正确的补救措施,最终保证管理目标的实现。

关于合伙人团队的建设,不能指望一步到位,要有耐心,允许有一个成长的过程。团队成员对共同事业的忠诚度,对具体业务的理解和执行力,都要在风浪中经过历练和考验才能修成正果。创始人要尊重大家的选择,也要相信个人和事业可以共同成长。

总之,如果创业者暂时没有找到满意的合伙人,也就是那些可以作为死士的追随者,也不要勉强,一直前行就好,走得久了,路上必有同行之人。

第五节 借品牌:找一个有背景的品牌做信用背书

所谓品牌是销售者向购买者长期提供的一组特定的特点、利益和服务,反映消费者对产品和服务的认可程度。当今时代是注重品牌的时代,品牌意味着对市场和资源的影响力。但品牌战略是长久之计,

绝非一朝一夕可以完成的。

打造一个好品牌殊为不易,提升产品和服务的品质,并得到市场消费者的认可,这需要一个努力积累的过程。要认识到,科技创业者的出身平台就是创业公司最大的标签和品牌,具有直接和间接的影响力,要善于利用。

一般来讲,体制内创业者大多出身于平台的优势方向,有大量的成果,在行业中有较好的地位和人脉积累,在宣传、人才、渠道方面有得天独厚的优势。同时,还要注重资源整合及借力,借助外部力量宣传品牌。忽视外部力量,靠自己单打独斗,降低了企业适应市场需求的能力,甚至失去成长机会。品牌借力的外部渠道主要有以下几个方面。

一是市场渠道,如新闻媒体、行业协会、论坛展会等。借助于这类渠道,通过各类论坛、经验交流、新品推介等活动,扩大产品的影响力,并以此为依托加快营销融合,充分借助市场开拓能力强的企业现有的营销网络,缩短自己开拓市场的时间,尽快扩大市场份额。尤其值得一提的是,借助行业协会、行业组织,可以让技术产品及早地拥有更好的市场对接和推广平台。

二是资本渠道,例如各类投资公司。有的投资机构在行业内有很好的推广能力,适当引入他们的投资,借助投资机构的渠道,企业能够加快扩大市场规模,或者在细分市场获得竞争优势,扩大品牌影响力。

三是行业合作伙伴,特别是科研机构。加快产业内部研发和生产资源整合,通过资本合作、技术引入等方式,与产品关联度强的科研机构建立战略合作关系,以产品的稳定供求建立利益联结机制,依靠对方强大的研发实力和先进的工艺技术,在最短的时间内形成拳头产品,占领市场,打响品牌。

外部资源的整合是创业者要高度重视的工作。很多企业拥有丰富的外部资源,但是没有建立整体的、系统的管理模式,对资源的利用较为随意,不能产生强大的合力。企业应该积极整合各类资源,以外部资金推动市场推广和技术引进,以市场宣传提高品牌曝光度,吸引资金和优秀的合作伙伴,以合作伙伴的技术力量助力优秀产品的研发和成型,提高市场占有率,扩大品牌知名度。通过这样的有机整合,借力打力,形成高效的、有层次的品牌战略,走出具有企业自身特色的品牌之路。

第六节　重人性:优点和弱点同样需要重视

洞悉人心、洞察人性,这是很考验创业者创业功力的事情。人性是在一定社会制度和一定历史条件下形成的人的本性。卡耐基有两本书在成功学圈子影响很大:《人性的优点》《人性的弱点》,主题是发挥人性优点、克服人性弱点,激发潜能,提高绩效,努力获得人生的成功。笔者这里讲的重人性,不是在感情上的人格尊重,更不是搞一团和气,是在管理的体制、机制设计上注意发扬人性优点、克服人性弱点,二者同样重要。管理学的各种激励理论,都是在人性分析的基础上形成的。

1. 带团队需要尊重人性

老大不好当,团队不好带,人心如果不稳,队伍就散了。带领企业团队,基本要求就是重人性。要充分尊重个体对个性、事业、财富、名誉的追求。马斯洛在他的层次需要理论中对人性的满足顺序做了分析,所以人性的需求是分层次、有先后、有轻重的。尊重人性不能搞精神运动,要各种需求兼顾。

创业者作为团队带头人要有宽广包容的心态,关注团队成员的需求所在,能够发现他们的优点并激励放大,在原则和底线范围内能宽容他们的弱点并帮助克服减小,给予成员实现个人价值的平台,让每个人都有归属感、成就感、获得感。用事业机会和成长环境来培养团队的凝聚力和荣誉感。一个具有强大凝聚力的团队自然会形成对优秀人才的吸引力，更能干事成事、实现个人价值。

创业者带团队，一开始条件有限，用人不能挑挑拣拣，能够把平凡的人组织起来做不平凡的事，这是优秀创业者的共同特点。成功的创业者应该是精神领袖，后面有自己的追随者，其中有前面说到的替身和死士，他们大多是出于价值观的认同，志同道合，能够同甘共苦；后面还有跟随者，他们大多出于看好项目未来的成长预期或者看好创业者个人能力人品，有投机心理，对事业的态度有点骑驴看唱本——走着瞧，跟随者中有部分人会转化为追随者；剩下的就是一般的就业人员，他们按照劳动合同和岗位职责对待工作。

参与创业的目的很多，一是获得一个改善生活的机会，二是获得实现梦想的机会，这两个事情不仅不矛盾，反而互相支持。创业团队带头人不能忽视团队成员的个人诉求，知晓其诉求就不能揣着明白装糊涂，要有明确交代，不要让大家猜测，否则其个人预期会被不同标准放大，不利于人心稳定。

人才和企业相互依托、相互支撑、共同成长、互相成就。企业在顺境中能否留住人才，要看能否共享成果，在逆境中能否留住人才，就看是否重视和尊重人性，凝聚人心。人与人之间是互相影响的，员工和企业也需要有患难与共的情谊。

2. 运营企业需要尊重人性

企业长期稳定运营离不开基于制度和文化的秩序，在企业的制度安排和文化导向中，要充分体现出对人性的尊重。

在创业的过程中，不同层次的员工对个人职业发展有不同需求，包括工作氛围、发展平台、个人成长、行业方向，也有照顾家庭、更换环境，以及让个人的职业生涯更成功，更丰富。总体上讲，可以概括为名利双收，最好是收入高，还感觉舒服。

优秀企业会更加重视员工的职业发展,但不是简单的满足,现实中也无法满足,需要做好引导,形成良性发展。企业的运营中,人力资源的管理和人力资源发展是紧密结合的,岗位设置、人员招聘和配置、薪酬结构、绩效考核、奖惩等工作,无一不体现了企业对人性的理解和把握。鼓励什么?批判什么?在制度和文化中会充分体现。在企业发展到一定规模时,要克服因为机构复杂导致的官僚作风,创造公平公正的竞争环境,这也是尊重人性的重要体现。人性会索求无度,需要在制度上和文化上树立按贡献分配的机制,这样会鼓励优秀的人脱颖而出,防止出现大锅饭,在大浪淘沙中留下金子。

3. 与合作伙伴相处需要尊重人性

雇佣的时代过去了,合伙的时代开始了。企业在市场上生存,市场天然存在竞争,所以创业企业更需要学会合作,学会抱团取暖,和很多企业建立伙伴关系。从业务链条来看,首先是客户、供应商,其次是银行、地方政府,同时还有同行。合作关系的基本内容是业务关系和利益关系,包括当前的诉求和未来的诉求。会合作比会竞争更重要,一些企业把供应链的合作和客户单位称为事业共同体,不会随便打压合作伙伴的利润,实现持续合作和共同发展。

博弈论认为,竞争对局中一定会有均衡点存在,甚至会有多个均衡点存在。如果对局各方都以个人利益最大化为原则决策,就很容易在"囚徒困境"下实现均衡,也就是在各方利益均受到伤害甚至各方在利益最小化条件下实现均衡。从机制上克服"囚徒困境",和商业伙伴实现更高绩效水平的合作,需要有几个重要的条件:一是信息对称,互相了解对方的情况,需要加强沟通;二是互相信任,企业需要建立社会信用,创业企业缺乏业绩,更加需要倚重品牌的力量;三是有持续合作的可能,除了当前的利益,企业还需要持续的利益,帮助其克服短期的投机行为。

尊重利益就是尊重人性。在商业合作的实际操作中，对人性的尊重同样要落实在合作机制中，包括合作权责利的分配。一是加强沟通，合理界定合作各方的权责利关系，并有效落实；二是努力提高自身的能力，加强品牌建设，获得伙伴信任，谈判要在实力的基础上才有发言权；三是建立长期合作的共同利益机制，把供应商、客户纳入事业共同体，也包括部分合作的同行。

最后要强调的是，企业的合作，往往可以理解为企业负责人之间的合作，选择对脾气的人非常重要，大家容易形成约定，建立默契，实现双方利益共享、风险共担，实现长远发展。

第七节　会低调：有所为有所不为

1. 尊重国情

中国文化对失败缺乏宽容，成王败寇，枪打出头鸟，木秀于林风必摧之等思想普遍存在。同时，国人害怕失败，主要是失败后要承担巨大的舆论压力，有些还有经济压力，的确是众口铄金、人言可畏。反过来中庸思想深入人心，存天理、灭人欲，抑制个性的同时也抑制了创造性，使得我们的创新、创业，特别是商业创新一直受到压抑。这里我们不评价这种文化的成因，但要关注其存在的事实。反过来，对硅谷创业文化的经验总结中，有一条就是宽容失败。

从尊重国情的角度来讲，聪明的创业者要懂得给事业穿上集体智慧的包装。一方面大部分成就确实是众人智慧的结晶，不该独占；另一方面，突出个人往往更容易招致批判而不是赞赏；而且，东方文化层级森严，体制内创业者需要在体制内外把握平衡。所以，会低调实际是一种自我保护，归功于集体也是一种胸怀和智慧，目的很简单，就是适应大环境，更好地发展自己、发展企业，避免被无端批判，以及在没有成长起来之前就被盛名所累。

2. 适应国企文化

长期以来,国企文化因为多方面的原因被贬义化甚至被妖魔化,成为形式主义、效率低下、以权谋私的代名词。实际上,国企文化还有讲规矩、重程序、守纪律的特征,以及重大局、敢担当、讲奉献的精神,例如三线企业、航天精神、铁人精神等等。我们这里讲的国企文化,更多的是注重规范和程序的行为文化。

体制内的科技工作者创业,一般来讲其技术来源都离不开职务关系,所以,其创办的企业或多或少会有国有股权,其中也不乏一些国有资产比例很高的企业。从规范的角度,国企成分的存在就要求企业遵守国资的管理规定,特别是国有股份比重较大、被定义为国有企业的创业企业更是如此,相关法规约定和注意事项在本书有说明。同时,有国有资产成分的创业企业,其股东构成就包括国有股东,一般来讲是工作单位的国有资产管理公司派出的代表,他们会代表单位对企业的经营管理行使股东权力,这些人很注重个人的职业安全,强调风险控制。在此条件下,国企基因的创业企业就要遵守国企的纪律,这里面就包括严谨严格的作风和低调朴实的做事风格。

3. 给不同声音留余地

创业企业一旦发起设立,首先要面临的问题是如何活下去。可靠的出路是找到市场需求并且形成竞争优势,找到客户和做好产品是创业团队的基本功。一个项目完成了,顺利通过验收获得付款,接下来才有更多的项目。一个产品做好了,要不断地升级换代,做更好的产品。一个地区做好了,就要开疆拓土,占有更多区域市场。一个领域做好了,就要面对产业的潮起潮落,转型升级甚至跨界到其他领域。

当某个方面做好了,还要面对无数的后来者,迎接挑战。可以说,一旦踏上创业路,就永远在路上,没有止境,没有终点。

自信和坚定是创业企业的文化特征。同时,创业过程是个人和企业共同学习和共同成长的过程。所以,创业团队必须还具备一种特质,就是自我剖析、自我否定、自我革新。创始人作为团队核心和领袖,需要学会低调,能让不同的声音发得出来,也能保证有耐心听得进去。在众多的竞争对手中,最难的是战胜自己,如果总是看不见自身的问题,企业就离倒闭不远了。低调潜行,是不断反求诸己、保持清醒的要素,它可以让你冷静地面对困难,从而克服困难,走向成功。

4. 生存法则需要

市场和大自然一样遵守丛林法则,自然界的生物遵守物竞天择、优胜劣汰、弱肉强食的规律。大到国家间、政权间的竞争,小到企业间、人与人之间的竞争,都要遵循丛林法则。竞争结果由实力、智慧、能力决定。同时,对于个体来讲,也有机缘巧合的影响,就是我们说的机遇问题。

有一个普遍存在的事实,在自然界,并不是最引人注目的、争奇斗艳的物种生存得久远,而是看似微不足道,甚至看似残缺不全的物种能长期存在,比如说蕨类植物,比如说蟑螂。低调就是简单务实,在竞争激烈的商业市场中洞悉商业本质,找到事情规律,顺势而为,才能更好地生存下去。

5. 修炼心性

创业过程也是自我的一种修炼。创始人是公司具有影响力的管理者,具有资源支配能力,对利益交换有影响力。在利益面前,人性的方方面面,世间的林林总总都会暴露出来。在名利、诱惑、奉承面前很多人逐渐迷失,忘却了初心,追名逐利、自我膨胀起来。此时,保持低调,时刻提醒自己低调变得很重要。能够看透虚假的繁华,面对真实的自我,专注于事业,执着于初心,保持自省人生的冷静。

会低调,有时候就像一盆冷水,能够降温发热的头脑,浇熄发红的双眼,让你以最合适的方式去面对事业、面对自我。

成功一定有方法。有了招式,还要练好内功:要有毅力,有强大的内心,须知开弓没有回头箭。笔者认为,创业的最后方法就是六个字:坚持住,别趴下。

成功需要积累和坚持。荀子在《劝学》中讲道:"不积跬步,无以至千里;不积小流,无以成江海。骐骥一跃,不能十步;驽马十驾,功在不舍。锲而舍之,朽木不折;锲而不舍,金石可镂。"成功还要善于借力:"登高而招,臂非加长也,而见者远;顺风而呼,声非加疾也,而闻者彰。假舆马者,非利足也,而致千里;假舟楫者,非能水也,而绝江河。君子生非异也,善假于物也。"

第七章　关于上市

第一节　上市的收益和成本
第二节　上市的要求和注意事项
第三节　上市的几个选择
第四节　如何定价
第五节　一些值得注意的变化
第六节　上市就成功了吗

上市是创业者在融资时普遍面对的问题。本章对创业者关心的主要上市相关事项进行了说明,并针对体制内科技工作者提出了具体实施建议。

上市对于创业者和投资人来讲都至关重要,对于实现企业价值,增加个人财富,上市都是最为有效的出路,也是实现企业持续发展的重要途径。关于企业上市有很多资料和书籍都有系统介绍,所以,本章主要针对体制内创业者关心的一些问题进行讨论。

第一节　上市的收益和成本

企业上市除了要满足有关条件,在获得上市收益的同时,也要付出相应的成本。企业要结合自身实际,针对所处行业和市场形势,需要考察上市的必要性和可行性,并合理选择上市的渠道和方式。

1. 为什么要上市

企业能不能上市?什么时候可以上市?这是创业者经常面对的问题,在融资时投资机构大多会提出这个问题。科技工作者在创业时常常对企业上市的真正意义,以及如何上市等问题关注不够。多数人认为,项目能把技术成果转化做好就可以了,能上市的毕竟是少数。等到需要上市的时候发现,由于一开始准备不足,存在若干制约上市的问题,此时调整难度极大,甚至导致上市失败,到时就悔之晚矣。

企业上市后,流通股票可以在证券市场交易,可以通过增发股票在交易所进行股权融资。有人会问,既然不上市也能股权转让,也能股权融资,那为什么还要上市呢?其中关键在于:企业不上市,股东手里的股权变现难、企业融资时定价难,这一点对有融资经验的非上市企业创始人来说应该深有体会。上市后,企业原始股东手中的股权就变成了股票,股东可以出售股票获得现金。由于股票是国家法定证券,流通性好,银行等金融机构愿意为股票持有人开展质押融资业务。

总之,当股权变成股票以后,创业者股权容易变现。另一方面,由于我国的上市企业总体上属于稀缺资源,企业上市以后的市值会远远超过股本,可以为投资者获得巨额回报,这也是投资人关心企业能否上市的主要原因。最后,从融资角度讲,由于上市企业有市值,融资时容易定价,不用反复谈判,作为投资人投资上市企业后获得的是股票,相比于非上市企业风险更低,因此上市企业的融资比非上市企业容易。

2. 上市的收益

企业上市的主要收获是便于融资、获得更高的企业价值和获得更好的流通性。但从整个上市过程和最后结果看,企业在上市过程中获得的收益也是非常丰富的。

就融资目的来说,融资可用于扩大产能、资产并购甚至垄断性并购,形成竞争壁垒,获得规模效应。而且相对债券融资等渠道,不要求评级,资金成本低,还可以通过增发等手段渡过资金短缺难关。

上市可以大大提高企业知名度,尤其对民营企业来讲,上市是一个"证明自己"的有效方式。企业上市,证明其在管理和业绩方面达到了监管机构和股票交易市场的要求;产品得到认可,用户买得放心;企业得到认可,人才来得开心。当年中国南方某县级行政区的玩具制造业很发达,其中有某家企业率先完成上市,很快就从多个方面形成了突出的竞争优势,引得其他企业纷纷谋求上市,短短时间该地区就培养了四家玩具行业的上市企业,该地区也成长为中国的玩具之都。

从企业治理来讲,上市企业受机构监管、公众监督,更有利于规范企业的组织架构、治理结构、规章制度,使其管理更规范,发展更科学。同时,从维护股东利益角度,管理团队也更加注重发展,更愿意支持创新实现高效发展。

对于地方政府来说,由于上市企业的业务稳定性好、发展能力强,可以极大提升地方的经济规模、产业知名度、民生保障、综合竞争力等,因此政府一般都有很高的积极性推动当地企业上市,支持有希望的企业发展上市。

近年来,越来越多的中国企业在海外市场谋求上市,尤其是科技创新型企业和互联网公司。海外高度市场化的资本市场和更成熟的投资人对创新的技术、行业、业务模式有更高的接纳度,对于科技创业公司来说具有很大的吸引力。

企业在美国、中国内地、中国香港、欧洲等国家和地区的海外证券交易市场上市,可以快速提升国际知名度,获得国际监管和市场认可,以此为平台扩展海外市场、境外募资,进行国际化运作。用海外市场监管方式倒逼中国企业提高管理水平,借上市机会整顿企业治理混乱、效率低下的问题。在面对棘手的企业改革改制问题面前,往往外来的和尚好念经。

在过去几年,一些中国企业选择海外上市,还带有扬眉吐气、证明自己的目的。比如某通信设备制造商,希望通过海外上市来规避美国、日本市场的各种刁难。比如美国上市企业的非美国企业董事可以拥有10年的无限次数的签证,且只要企业在,签证就一直续期。

创业项目如果能得到资本市场的认可,上市后价值可迅速得到数倍提升,有利于低成本募资,用于后续投资、提高企业竞争力和盈利水平,进而又会在股市上得到反馈,提升股价,获得良性发展的机会。

3. 上市的成本

企业上市本身有成本,有直接成本,也有间接成本。企业做出上市决策,要综合考察过程中的各种成本和其他代价。所以,需要清楚上市的成本和代价。

在上市的准备、申报和挂牌过程中,企业需要向证券经营机构、律师、会计师、评估师、内控顾问、行业专家等方面支付服务费用,募集到资金后还要向证券经营机构付出一定比例的销售佣金提成,上市后还需向交易所支付上市初费、月费和年费等。比如在港股市场,一个项目的服务费用和发行佣金可能会占到所募资金的5%以上,对大一点的项目,这部分费用可能会超过1亿港币。A股上市费用里主要有保荐费和股票承销费,保荐费一般会超过1 000万元,律师和会计师费用占比不大;而在港股和美股市场,审计师和境外律师费用会占到更大比重。

上市后,企业相当比例的股票会在市场上流通,会因股东频繁更换给企业发展战略的连续性造成影响,带来决策上的困难。要解决这个问题,就会增加股东控制和企业监督成本。因为在股市上,股票价格动态代表着企业的发展经营状况,管理层必须付出巨大的精力去维持和提高股票价格。另外,受市场投机、操纵和市场波动的影响,股票价格可能会偏离企业价值,发生扭曲,也会使企业的运营陷入阶段性的被动。

另外,上市企业的披露制度使得企业更难保守自己的商业机密,竞争对手也更容易掌握企业的发展状况甚至是发展战略,这都会提高企业的运作成本。

不管是A股还是港股、美股,上市申请前的尽职调查、审计、内控评估、整改、资产重组等准备工作动辄一年以上。目前在A股市场上还要有至少一年半的审查排队期,在这个过程中,企业必然要付出大量的时间和精力去开展工作,甚至是为了上市的一些要求,在资产运作和管理运营方面做出一些舍弃。

因此,综合分析上市的成本和代价,需要结合各股票市场的特点和企业自身情况做出决策:什么时候上市?在什么市场上市?用哪些资产上市?比如说港股实行注册制,审批时间短,但整体估值水平不如A股,尤其是创业板;企业越早上市就越早实现规模扩张和市场认可,但企业是否具备能力和精力去应对严格的合规审查和披露要求,需要认真评估。

在企业做出上市决策前,要详细了解全球主要市场(对中资企业而言,可接受的主要是内地、香港以及海外的美股市场)的上市规则、行业估值情况、交易所、监管机构和投资者风格、操作和维护成本等,结合企业自身情况进行分析。当然这些分析工作可以由企业组织专业团队给予支持,这个论证过程十分重要,不可或缺。

第二节 上市的要求和注意事项

体制内创业者应该了解企业上市的基本条件,同时也要了解上市的注意事项,在业务设计和企业运营中做好相应处理。

1. 企业上市的基本要求

对于一个拟上市企业,交易所和监管机构准许其挂牌交易前,会按照上市规则和标准对其进行一系列的核查和验证。上市规则的内容十分繁杂,但也确实体现出一个健康的企业应该具备的条件。总体上,上市要求主要有以下几个方面。

一是财务要求:这是反映一个企业规模和质量最直观、最基本的条件。一般交易所会对最近几个会计年度的净利润、收入规模、现金流净额、总资产规模等做出最低限要求。总体上,各市场主板要求远高于创业板和科技板,美股市场要求高于A股市场,A股市场高于港股市场。这部分的核查基础是第三方的审计报告。

二是股本要求:一般会要求总股本规模要达到一定水平,上市流通部分不能低于某个比例,如股东数量的要求,以及大股东持股比例等要求。

三是主营业务要求:一般要求连续经营超过一定时间,并在具体规定时间内主营业务不发生变化,主营业务收入在总收入中的占比达到一定的水平等。

四是企业治理要求:一般要求在一定年限内董事和高级管理人员没有重大变化,实际控制人没有变更,有完善的企业治理结构,包括股东大会、董事会、监事会、独立董事、董事会秘书等。

每个交易市场有不同的条件,监管机构管理风格也不同,因此不同市场、不同板块的要求是有显著区别的。中、美、港的股票市场主要板块的基本要求见表7.1。在制订上市计划前,可以结合具体市场的要求先对企业进行自我审视和排查,作为企业选择上市市场和上市时机的重要依据。

2. 上市相关的注意事项

在企业上市的审查事项中,以下内容也是考察要点。在创业企业的股权结构、业务结构和日常运行中,需要对这些事项做好处理,规避上市风险。

(1) 实际控制人:影响经营稳定性。

实际控制人是监管机构关注的重点项目。实际控制人通常是指公司股东,或者非股东通过投资关系、协议或者其他安排,能够实际支配公司行为的人。控股股东是指直接持有上市公司绝对多数或者相对多数股份的股东,可以是个人,也可以是公司。如果是个人,也就是实际控制人。如果是公司,实际控制人是指持有这个公司绝对多数或者相对多数股份的股东。简而言之,实际控制人就是实际控制上市公司的自然人、法人或其他组织。特别是国有企业的背后实际控制人,可能不是法人,很可能是某个方面的领导负责分管该企业。

(2) 关联交易:影响业绩真实性。

企业在日常经济活动中从事产销活动,必然涉及大量供应商和代理商,其中一些供应商同时与公司存在直接和间接的投资关系,当中发生的交易可能会被认定为关联交易。如果双方不存在关联关系,企业间的交易会从各自利益出发,一般不会接受不利于自身的交易条款,这种交易视为公平交易;但在关联交易条件下,关联方之间的交易可能不是建立在公平交易的基础上。因此上市公司和监管机构都会对关联交易比较敏感,同时也影响公司业绩的真实性。

(3) 同业竞争:影响可持续发展。

同业竞争是指上市公司所从事的业务与其控股股东或实际控制人自身,或者所控制的其他企业所从事的业务相同或近似,双方构成或可能构成直接或间接的竞争关系。同业竞争的存在,使得相关联的企业无法严格遵守完全竞争的市场经济规则,例如:控股股东利用其表决权可以决定企业的重大经营,如果其表决是倾向于非上市公司,损害小股东利益,对于新三板挂牌而言,企业的非独立性无法判断其是否具有持续经营能力。因此,各国立法均对同业竞争提出了禁止的规定。

(4) 纳税:考虑政府和监管的要求。

企业一般有三种主要税种,包括增值税、所得税、营业税(国内税务启动营改增以后,主要税种是增值税和所得税)。初创公司往往会采取一些措施进行合理避税,虽然一些合理避税在财务上可以操作,但从上市角度,建议严格按照财务规定进行缴纳,避免不必要的法律风险。另外,企业税收能够实现逐年增加,当地政府对企业的政策支持也会优先考虑,同时也是上市公司考察的重点。也就是要考察企业前三年中,每年税收有一定增量,这也反映了企业业务的发展。

(5) 技术来源:潜在的法律风险。

技术来源问题是体制内科技工作者创业经常面临的一个问题,即划清技术来源和职务发明的关系。虽然国家《促进知识成果转化法》明确了相关的奖励办法,但是涉及国资的管理规定,国有资产流失的问题需要高度警惕。与之相关,由于知识产权来源纠纷的案件在国内也并不少见。所以,在创业初期的股权设计中,要根据有关制度做好知识产权的权益分配,不要怕麻烦,更不要贪小便宜,埋下隐患。如果没有处理好,不要说上市,就是融资都会遭遇困难。

(6) 主营业务的比率:业务的结构的合理性。

主营业务比率指的是在企业的利润构成中,经常性主营业务利润所占的比率。投资公司更看重主营业务的比率,该指标反映了企业主营业务的获利能力,是评价企业经营效益的主要指标。多数创业公司会获得政策支持,获得融资等资金收入,但这些都不是主营业务收入。同时主营业务利润率是主营业务利润与主营业务收入的百分比。该指标越高,说明初创公司产品附加值高,营销策略得当,主营业务市场竞争力强,发展潜力大,获利水平高。

第三节　上市的几个选择

企业上市面临以下问题:一是选择什么时机上市?二是选择哪个交易市场?三是选择哪个中介机构和承销商?需要结合企业实际进行选择。

1. 什么时机上市

当公司发展到一定程度,在满足上市基本条件情况下,就可以筹划企业上市了。什么时机上市,需要综合考虑以下几个条件:第一,公司是否正处于高速发展期;第二,公司所在行业是否处于上升周期;第三,公司是否急需大规模资金投入,以迅速扩大经营规模,占领市场或提升盈利水平;第四,主营业务的市场是否有充分的空间,在公司迅速扩张的同时还能保证满意的利润率;第五,股票市场是否处于繁荣期,投资者态度积极,市场估值水平较高,且呈上升趋势;第六,是否需要提升公司影响力,并提高公司治理水平、促进高端人才引进等。综合考察上述问题,企业应在多数条件能够得到满足时选择上市,以确保上市收益最大化。

同时,谋划上市时机需要关注上市辅导和发行时间,都需要一定的时间。上市辅导是拟首次公开发行股票的股份有限公司必经的法定阶段,设定上市辅导制度,其目的在于通过辅导提高首次公开发行股票的公司的素质及其规范化运作水平,提高上市公司的质量,同时保证从事辅导工作的辅导机构在首次公开发行股票的过程中依法履行职责,保障股票发行核准制的顺利实施。从2009年6月14日起,开始施行的《证券发行上市保荐业务管理办法》将上市辅导期至少一年的限制规定去掉,不再对上市辅导期时间做硬性规定。企业发行上市要经历的时间也要视具体情况而定,一般来说,总体时间为一年左右,所以需要提前一年左右时间准备。

2. 去哪里上市

选择上市交易市场要立足于企业长远利益,重点是企业和交易市场特征的契合,例如在深交所上市的企业主要以新兴产业、成长型、创新型企业为主。比如科大讯飞、工大博实股份等代表新经济的公司。上交所目前的企业主要有银行、钢铁、港口,以及行业龙头的大企业等。一般而言,成长型企业可以考虑深交所,盘子较大的公司可以考虑上交所。

当然，现在还有许多创业型企业，当公司达到一定规模后先从新三板上市，因为新三板主要是投资机构在投资，对普通投资者门槛太高，大多数新三板企业发展好的话，都会考虑通过转板来过渡。

选择上市的市场是否和企业特性契合，关系到上市成败和上市效果。

A股市场估值高，很多中小型科技企业，几千万的利润就可以支撑起几十亿的市值，股价维护相对比较容易。但A股审批时间长，排队企业多，政策多变，导致上市的进度存在很大的不确定性。

港股市场审批时间可预期，披露要求低，但行业估值低于A股，特别是对于中小型企业而言，同样的净利润，港股市值可能只有A股的三分之一。对于净利润在十亿港币以上的企业而言，市值与A股市值差异不大，因为大型企业的市盈率A股与港股差不多，比如腾讯选择了在港股上市，在2017年9月其市值超过了4 000亿美金。中小型企业在两地市场上市盈率的差别，笔者认为主要是A股上市门槛高、资源少，同时A股中小股民比重高所导致的，在未来有缩小的可能性。

美股上市标准高、监管严格，但投资受众最大，国际化和宣传效应好，可以有效促进企业治理的改善。

选择交易市场主要考虑以下方面：一是上市成本，不仅要考虑上市和发行费用，还需要考虑每个市场发行价格差异，以及上市后的管理成本。二是市场规模，要根据企业本身拟发行的规模进行选择，尤其是规模较大的企业，要选择足够大的交易市场才能支撑。三是监管要求，要根据企业自身的实际情况深入研究，尤其是企业股东、控制人的情况与拟上市市场的监管要求是否存在冲突，以及信息披露的要求是否会影响到企业发展战略等。

总的来说，对国际化需求并不迫切且上市融资时间也不紧迫的企业而言，在A股上市还是优选，因为A股较高的市盈率可以保障股东在上市后获得更大的收益。而涉及新兴行业、高科技行业，其业务模式有创新，连续盈利能力可预期或者明显会有爆发性增长的企业，可选择在港股或美股市场上市,其成熟的机构和个人投资者对商业模式理解力更强,更加看重未来预期,企业股票上市价格往往超出预期。

3. 选择中介机构和承销商

根据目前的规定,公司 IPO 必须聘请的中介辅导机构主要有三家:券商(包括保荐人和承销商两种,通常为同一家券商)、会计师事务所、律师事务所。另外,根据实际情况还可能需要聘请资产评估机构、IPO 咨询机构等中介机构。

选择合适的券商对于企业迈向资本市场是非常重要的一步。还应深入了解其中的保荐团队,有时候保荐团队的重要性甚至超过券商本身。作为中小企业,争取选择实力强、信誉好、经验丰富、精力充沛的中介机构。信誉度方面要注意是否受到过证监会处分,对行业的熟悉程度,承担该行业项目数量的多少,有从业人员和相关经验等。还要注意能否选派一流专家参加;以及在推荐任务繁忙时能否将本公司放在优先位置。

中小板及创业板的保荐费用一般在 100 万—300 万元人民币之间,具体要视券商的知名度及其报价、公司的工作量及上市难度、公司信息对称程度及谈判技巧等而定。保荐费可分阶段支付。当然还要考虑选择律师事务所等等。

承销商尤其是主承销商是上市过程中最核心的中介机构,一般也是企业上市的保荐人和账簿管理人。承销商对优质项目是趋之若鹜的,承销行业竞争日趋激烈,承销商在一个项目中可获得的利益可观而且多样。首先是承销费用,港股市场的承销费用一般是发行资金的 2.5%—3%,A 股市场有时会超过 5%,承销费用动辄过亿人民币。其次,承销商可以在企业上市后的"增发""发债""并购重组"等业务中继续担任财务顾问角色,提供多种服务获利。再次,行业内极其重视承销商的项目经验,参与大项目可以增添业绩、提高行业排名,在后续同行业项目竞争中占据主动,即所谓"路径效应"。

选择承销商要考虑以下因素:一是承销商的行业口碑,市场份额和以往发行的业绩,是否受到过监管机构的处罚;二是承销商在拟上市企业所在行业中是否拥有足够的项目案例和经验;三是承销能力,是否在足够大的区域有足够的投资机构资源和推销能力;四是企业上市后,在二级市场是否有很强的造市能力,能够帮助上市企业进一步增发、配股等;最后,还要考虑承销费用。

有专家认为:选择承销商是一个多变量函数,上述因素是基础变量,同时还要考虑时间问题和多方力量的博弈。选择承销商需要相机决策,主要原因是在上市和股票发售过程中,会因为企业上市地点的变化、对发行价格预期的变化,以及合规性、监管和政策等因素影响,会随时引入新的承销商,甚至是更换主承销商。而承销商也会以更高的发售价格,甚至是承诺自己或其关联机构的认购份额等手段不断参与到发行份额的竞争中,直至项目正式挂牌。而作为发行人的拟上市企业,要在更高的发售价格和发行量、更好的战略合作伙伴的引入以及不过分损伤原有券商的利益和积极性等几个因素中充分权衡,做出最佳选择。

第四节　如何定价

股票定价是上市的关键问题。一般来讲,上市过程的各种操作,包括上市地点选择、承销商选择以及重组改制等,其最终目的都是为了取得一个更高的上市价格。上市价格分为理论价格和程序价格,理论价格是程序价格的基础,程序价格是理论价格的动态修正。

理论价格主要有四种计算方法:未来现金流折现价格、CAPM(资本资产定价模型)计算价格、根据套利定价理论确定的价格、根据期权理论计算的价格。每种方法都有其假设条件,定价一般要选择实际情况最接近假定条件的理论价格计算方法。具体的计算方法可以百度查询,笔者在此不再赘述。需要注意的是无论哪种方法,理论价格的定价都是高度依赖未来长期收益的预期。

从实践上讲,还存在一个根据"询价"过程不断变化的程序价格,最终会落地为实际上市发行价格。根据操作经验,一般会将"询价"划分为三个阶段:

一是尽职调查阶段。承销商对拟上市企业开展尽职调查,并根据第三方财务报告对企业资产、营收、利润和经营情况进行全面了解,将未来几年的现金流通过资本收益率折价得到资产净值,以此计算理论价格,可以说明"企业基于现在的资产可以在未来创造多少收益"。同时,可以参照同类上市企业取得经验价格,或是用"收益价值总和"计算价格。三种价格作为承销商获得这个阶段程序价格的依据。

二是路演阶段。上市路演是指股票发行人和承销商面向投资者所举行的股票推介报告活动,路演的目的是促进投资者与股票发行人之间的沟通和交流,以保证股票的顺利发行。在承销商的安排下,拟上市企业与机构投资者进行深入沟通,承销商对企业信息进行精心的包装,说明定价依据。投资者的报价和发行方的报价努力趋于一致,同时,投资者也会给出申购的股份数量。

三是发行阶段。通过前期工作,承销商掌握了一系列的价格和每个价格对应的申购数量。根据发行总量,承销商会把价格核定在能够满足发行总量的一个价格上,也就是"市场价格"。但是按照国际惯例,承销商需要在市场价格的基础上降低约15%出售给机构投资者,上市后可获得直接的上涨空间和价差收益。同时,在上市后1—3个月内,承销商一般有责任维持股价不跌破发行价。所以,市场定价要考虑承销商在上市初期的价格维护。如果市场对股票的需求很大,承销商会做增量发行准备,以保持发行价格,也就是所谓的超额发行。

除了企业本身的价值基础,承销商的定价能力是影响股票定价的重要因素,承销商的定价能力取决于三个方面:一是承销商的包装和企业价值挖掘能力;二是承销商的诚信度和行业影响力,投资者是否全盘接受承销商的定价及其依据;三是承销商的营销网络是否强大。

询价过程是个充满波折的博弈过程,会面临机构投资者以更大认购份额为条件的压价,更会面临多家承销商的联合压价,这个过程就需要企业提高面对投资者甚至是面对承销商的谈判能力了。

第五节 一些值得注意的变化

1. 越来越成熟的A股和创业板

企业选择进入资本市场,在上市前必须进行一次完整的成本收益分析,以决定是否选择上市。在国内资本市场,由于投资标的和投资者规模不匹配等原因,导致市值远高于企业价值的现状普遍存在,使得上市成为众多企业的趋利选项。但随着制度的不断完善和投资环境的规范,这种情况在逐渐发生变化。

2017年以来,资本市场出现了一个重要的变化:随着市场在一季度的持续走低,中国股市和发达国家市场之间的估值水平开始接近。在本书成稿期间,就总体水平来看,A股目前整体市盈率为20倍,道琼斯指数的市盈率为21倍。但就科技创业者们比较关心的创业板来看,估值水平还是大大高于美股,目前创业板的市盈率为51倍,而纳斯达克的市盈率为33倍,但二者差距已经历史性地缩小了。

造成上述变化的原因有以下方面:一是央行缩表和监管部门金融去杠杆改革,引发了A股较长时间的下跌,创业板更是出现了近两年的新低。二是虽然中国经济放缓,但2016年以来,A股上市企业却业绩突出,收入和净利润实现了两位数增长,远超2014年大牛市的表现。企业业绩增长,二级市场却表现低迷,市盈率自然快速大幅度下降。三是欧美市场股市表现强劲,甚至已经有人将中国房地产和今年的美股市场列为全球两大泡沫。

具体到创业板,从 2012 年开始了一轮大牛市。实际上,当时的创业板企业整体还是净利润负增长状态。在 2012 年的市场增长中,创业板市盈率一度超过 150 倍。而从 2015 年 6 月开始的一轮股灾至今,创业板指数已经跌去一半,市盈率已经跌去 2/3。但有意思的是,创业板企业的业绩却恰好是从 2015 年开始快速增长,2016 年创业板企业的收入和净利润增长都超过了 30%,终于体现出了其高增长的预期属性。

因为上述多种原因,A 股以及创业板的企业逐渐向价值投资的风格转变,企业价值在稳定增长,而市值正在回归理性,这其实也是大家一直以来希望看到的变化。虽然将来市场的投资风格还将不断调整,但就其趋势来说,已经越来越向成熟的海外市场靠拢。

2. 港股市场的内地企业逐渐壮大

长期以来,香港市场上的内地企业,除金融股以外的大部分企业股票价格都处于偏低状态。虽然中资股早已占据港股市场的半壁江山,但市场话语权始终掌握在外资投资机构手中。内地投资者交易规模长期不超过交易总量的 10%,我们称之为上市企业结构和投资者结构不匹配。这导致港股票市场的发行价和二级市场的股价波动都是控制在外资机构投资者手中,而由于外资机构对中国市场的不了解,对内地企业不理解,导致了内地企业的股价长期被压低。业内人士举例:"外资机构的研究员及基金经理甚至都没见过电动自行车,因此也无法理解内地电动自行车需求有多大,自然也无法给港股电动自行车电池企业一个合理的估值。"

由于港股市场对内地企业给的估值偏低,长期以来都无法突破 15 倍市盈率的天花板,一些企业甚至不惜从港股退市。2016 年,万达商业因为其价值被严重低估从港股退市,引起了业内轰动。但 2017 年以来,港股市场的国内企业包括汽车股、大型中资地产股及美图、周黑鸭等优秀企业开始被大举买入,估值得到大幅提升,香港股市场的投资生态开始发生变化。总体上,有三股力量发生作用,促进了港股市场被低估内资股的崛起:

一是中资券商的香港子公司带着内地资金进入市场,大力纠正中资中小盘股份估值,在汽车、互联网、新能源、教育板块掀起一些波澜。比如民营教育产业领头羊枫叶教育,在2015年中到2016年中,股价从1.7港元涨至最高8.64港元。比如软件产业龙头企业金蝶国际,从2015年上半年开始,股价从2.18港元持续走高,最高涨至6.41港元。

二是沪港通和深港通的开通,为港股市场带来了更多的内地投资者和投资机会,更是带来了大量的"南下资金"。让了解和理解内资企业的内地投资者来为内资股定价,港股的投资者结构发生了质变,相应的市场的估值体系也迎来巨变。与此同时,这一官方投资渠道的打通,让更多的内地资金关注港股、了解港股,这也使得其他渠道的入市力度及交易活跃度大幅提升。

三是内地资金南下的另一个正规渠道——合格境内机构投资者(QDII)。自去年四季度以来加快了针对港股投资产品的设计和报批。借道港股通及QDII,内地机构积极发行沪深港基金产品,投资布局港股市场,此类产品的增长速度未来还会进一步加快。

中资股的强势表现已经深刻影响了港股市场的走势,同时也让外资机构重新审视自己的估值模型,将内地投资者作为一个重要因素考虑进来。未来3年至5年,在香港上市的内资优秀企业的估值水平能够从目前严重低估恢复至合理水平,不管对于投资者和有意在港股上市的内资企业,都将为其带来难得的机遇。

第六节 上市就成功了吗

从股东角度来说,企业上市意味着创始人和投资人的股权价值得到大幅提高,也容易变现了,例如可以在二级市场减持套现,或者可以质押给银行换取现金,财富得到了大幅度的增值,无疑是令人向往的事情。举个例子来说,如果一个中小型的股份制科技企业上市后的股份总数是1亿股,而创始人股东最初的投资成本为每股1元,创始人在上市后仍然持有该企业30%的股份,企业上市前年销售额在3亿元,净利润为3 000万元,如果企业选择在A股创业板上市,根据创业板目前的情况来看,企业上市后的市值一般不会低于30亿,那么创始人手中的股份数对应的总市值约为9亿元,对于创始人3 000万元的投入来说,巨大的增值用一夜暴富来形容都不为过。

有人要问,既然上市对股东有这么多好处,为什么有些知名企业没有选择上市?实际上,企业上市有一系列硬性政策要求。我国很多制造业企业创立于20世纪80年代,创立之初,当时国家针对企业的法律法规尚不健全,有些企业在创立过程中存在一些上市的硬伤,例如国内要求企业上市前不超过200名股东,使得有些股东人数较多的企业不具备上市基本条件。另一方面,上市后企业有严格的信息披露义务,有些企业经营业务无法做到完全披露,那么企业也会选择不上市。更有一种特殊情况,企业的股东数量相当庞大,且企业股权或者期权在企业员工内部可以按一定的方式流通,那么企业上不上市对股东的股权变现影响不大,自然也可以选择不去上市。打个比方,我国上市公司的大部分股东总数在几万人,如果一个企业拥有企业股权或期权的员工数量也达到几万甚至更多人,那上不上市对股东的意义就不大了。毕竟股东把股权变现的需求是企业上市最大的推动力。

从企业角度来看,判断企业上市是否成功,标准不是能否在交易所挂牌交易,也不是企业股票发行规模,更不是企业初次发行时的认购热度,而是看上市之后企业价值是否得到了有效提升,包括企业因为上市而得到的融资红利、品牌红利,以及对企业持续壮大发展是否具有重大的促进作用。我们可以看到,一些企业上市后,股东大幅减持套现,完成人生蜕变,而企业沦为穷途末路的壳股的案例比比皆是,那么这些企业的上市就难说是成功了。

我们都知道,在一个规范有效、稳定发展的市场上,企业价值的提升主要取决于两个因素:企业核心竞争力的提升和企业治理结构的优化,而这两个因素的变化都是一个长期的过程,本身并不会因为是否上市产生突变。成为一个伟大的企业,上市仅仅只是开始,上市可以代表股东的成功,却不能代表企业的成功,要成为一个优秀的企业,路漫漫其修远兮。

表 7.1 海内外资本市场上市规则对比

序号	资本市场	平台特点	财务要求	股本要求	主营业务要求	企业治理
1	国内主板	主板在拟上市企业的所属行业及类型方面没有任何限制,任何企业只要符合规定的标准都可以申请上市。	必须同时具备以下三项: (1)最近3个会计年度净利润均为正数且累计超过人民币3 000万元。 (2)最近3个会计年度经营活动产生的现金流量净额累计超过人民币5 000万元或者最近3个会计年度营业收入累计超过人民币3亿元。 (3)最近一期末不存在未弥补亏损,最近一期末无形资产(扣除土地使用权、水面养殖权和采矿权等后)占净资产的比例不高于20%。	发行前不少于3 000万元,发行后最低要求是5 000万元,公开流通的部分不少于25%。	(1)持续经营3年以上。 (2)完整面向市场独立体系,直接面向市场独立经营的能力。 (3)发行人最近3年内主营业务没有发生重大变更。 (4)募集资金应当有明确的使用方向,原则上应用于主营业务。	(1)最近3年内董事、高级管理人员没有发生重大变化。 (2)实际控制人没有发生变更。 (3)董事会下设战略、审计、薪酬委员会,各委员会成员至少指定一名独立董事担任委员;至少三分之一的董事会成员为独立董事。
2	国内创业板	创业板市场是为那些成长型的、处于创业期的、科技含量比较高的中小企业提供一个利用资本市场发展壮大的平台。	财务标准必须符合以下两项的其中一项: (1)最近2年连续盈利,最近2年净利润不少于1 000万元,且持续增长。 (2)或者最近1年盈利,且净利润不少于500万元,最近1年营业收入不少于5 000万元,最近2年营业收入增长率均不低于30%。最近1年期末净资产不少于2 000万元。	发行后总股本不低于3 000万元	(1)持续经营3年以上。 (2)发行人应当主营一种业务。 (3)最近2年内主营业务没有发生重大变化。 (4)募集资金只能用于发展主营业务。	(1)最近2年内主营业务和董事、高级管理人员没有发生重大变化。 (2)实际控制人没有发生变更。 (3)具有完善的企业治理结构,依法建立健全股东大会、董事会以及独立董事制度,相关机构和人员能够依法依规履行职责。

续表7.1

序号	资本市场	平台特点	财务要求	股本要求	主营业务要求	企业治理
3	港股主板	对于一些大型的国有或民营企业来说，若不想等境内较长时间的排队审核流程，到中国香港的主板IPO是不错的选择	财务标准必须符合以下三项的其中一项： (1) 上市前3年盈利总和最少达5 000万港元；上市时市值至少2亿港元。 (2) 上市市值至少达20亿港元，最近1个财政年度的收益至少5亿港元，及在过去3个财政年度从其拟申请上市的营业活动所产生的净现金流入合计最少为1亿港元。 (3) 上市市值至少为40亿港元，及最近1个财政年度的收益最少为5亿港元及上市时至少有1 000名股东	上市时的预计市值不得少于2亿港元，已发行股本总额的须至少25%为公众人士所持有；初次申请上市的证券于上市时最少须有300名，持股量最高的3名公众股东拥有的百分比不得超过50%	并无具体规定，但实际上，主线业务的盈利必须符合最低盈利的要求	管理层在最近3个财政年度维持不变；及最近1个经审核的财政年度内拥有权和控制权继续维持不变
4	港股创业板		无盈利要求，上市时市值须达1亿港元，经营业务有净现金流入，于前2个财政年度合计至少达2 000万港元	公众持股量至少达3 000万元及市值超过1亿行人的市值超过100亿港元，则为15%—25%，即与主板一致）；最少100名公众股东，持股量最高的3名公众股东持有比率不得超过50%	必须具备不少于2个财政年度的营业记录；须主力经营一项业务而非两项或多项不相干的业务。不过，涉及主线业务的同边业务是容许的	管理层在最近2个财政年度维持不变；及最近1个完整的财政年度内拥有权和控制权维持不变

续表7.1

序号	资本市场	平台特点	财务要求	股本要求	主营业务要求	企业治理
5	纽约证券交易所（NYSE）	纽约证券交易所是美国规模最大，最具代表性的证券交易所，也是世界上规模最大，组织最健全、设备最完善管理最严密，对世界经济有着重大影响的证券交易所。纽约证券交易所与美国NASDQ市场相比，入市标准相对严格，净有形资产，税前收入，以及股东持股量，发行价，公众持股人数方面都比NASDQ市场的上市标准高出许多	财务标准须符合以下三项的其中一项： （1）收益标准：企业前3年的税前利润必须达到1亿美元，且最近2年的利润分别不低于2500万美元。 （2）流动资金标准：在全球拥有5亿美元资产，过去12个月营收入至少1亿美元，流动资金至少1亿美元。 （3）净资产标准：全球净资产至少7.5亿美元，最近财务年度收入至少7.5亿美元。子企业上市标准：子企业全球资产至少5亿美元，企业必有12个月的运营历史，母企业必须是财务状况良好的上市企业，并对子企业有控股权	股票发行规模：至少有5 000个美国持凭证持有者，至少发行250万普通股，股票市值至少1亿美元	企业所属行业的相对稳定性，企业在该行业中的地位，企业在该行业中的市场前景，企业公众对企业股票上市的兴趣也是影响的因素	对企业的管理和操作方面有多项要求
6	美国证券交易所（AMEX）	美国证券交易所曾是美国第二大证券交易所，现为美国第三大股票交易所。美国证券交易所在中国的业务进展并不理想，目前上市的中国企业只有8家	财务标准须符合以下两项的其中一项： （1）收益标准：最近一年的税前收入不得低于75万美元。 （2）总资产标准：净资产不得低于500万美元，且最近1年的总营收入不低于7500万美元	股票发行规模：股东权益不得低于400万美元，股价最低不得低于3美元/股，至少发行100万普通股，市值不低于300万美元		

189

第七章 关于上市

续表7.1

序号	资本市场	平台特点	财务要求	股本要求	主营业务要求	企业治理
7	纳斯达克全球精选市场（NGSM）	NASDQ又被称为美国"二板市场"，成立于1971年，以全国证券交易商协会自动报价系统运作，是一个支持高新技术创新企业的上市交易场所，现在拥有纽约证券交易数目已经超过了纽约证券交易所。NASDQ市场总共分为三个板，全球精选板、全球板和资本板，拥有自动升板制度。NGSM是拥有全球IPO最高标准的市场板块	财务标准需满足以下四个标准其中之一： (1)收入标准：前3个会计年度税前收入累计达到1 100万美元，且每年税前收入为正；最近2个会计年度税前收入达到每年220万美元。 (2)市值+现金流标准：前3个会计年度现金流累计达到2 750万美元且每年现金流为正；前12个月平均达到55 000万美元；前一个会计年度收益达到11 000万美元。 (3)市值+收益标准：市值前12个月平均达到9 000万美元以上；前一个会计年度收益达到8.5亿美元以上；前一个会计年度收益达到1亿美元。 (4)资产和股权标准：企业市值达到8 000万美元，股东权益6 000万美元，总资产达到5 500万美元	(1)持有100股以上股份的股东数量为450名以上或股东总数在2 200名以上。 (2)公众持股数量达到125万。 (3)公众持股市值达到4 500万美元，股价最低不低于4美元/股。 (4)必须要有4个做市商，但如果企业满足"全球市场标准上市要求"的收入标准或股权标准可以是3个做市商	—	该标准对三个市场（全球精选市场、全球市场和资本市场）通用，具体如下： (1)年报和中期报告披露要求：企业必须通过电子邮件或企业网站向股东披露中期报告和年度报告。 (2)独立董事：企业必须设立独立董事。 (3)审计委员会：企业需设立一个完全由独立董事构成的审计委员会，同时要满足美国证监会的10A-3规则，独立董事要能阅读和理解基本的财务报表，审计委员会至少由三名成员组成，且其中一人必须有金融行业的丰富经验

续表7.1

序号	资本市场	平台特点	财务要求	股本要求	主营业务要求	企业治理
8	纳斯达克全球市场（NGM）	全球市场（Nasdaq Global Market），由之前的纳斯达克全国市场升级而来	财务标准及股本要求需满足以下四个标准其中之一： (1)收入标准：税前营业收入不少于100万美元；公众持股量110万以上；股东权益达到1500万美元以上；公众持股股票市值800万美元以上；发行价4美元以上；股东数；持有100股以上股份的股东400名；做市商3个。 (2)权益标准：净资产达到3000万美元以上；公众持股量110万以上；公众持股股票市值1800万美元以上；发行价4美元以上；股东数（持有100股以上股份的股东）400名；做市商3个；连续经营2年以上。 (3)市值标准：上市证券市值7500万美元以上；公众持股股票市值2000万美元以上；发行价4美元以上；股东数（持有100股以上股份的股东）400名；做市商4个。 (4)总资产/总收益标准：总资产和总收益（最近1个会计年度或最近3个会计年度中的2年）均达到7500万美元；公众持股量110万以上；公众持股股票市值2000万美元以上；发行价4美元以上；股东数（持有100股以上股份的股东）400名；做市商4个	—	(4)高管补贴：企业需设立一个完全由独立董事构成的、两名成员以上的薪酬委员会，并通过准则5605(d)(2)(A)的独立性测试。薪酬委员会必须独立决定董事会决议和CEO及其他高管的薪酬补贴。 (5)董事提名：独立董事必须决择和推荐董事的提名。 (6)行为准则：企业必须制定适用于所有董事、高管和员工的行为准则。 (7)年会：企业必须于上一个财政年度结束一年内召开股东大会

第七章　关于上市

续表7.1

序号	资本市场	平台特点	财务要求	股本要求	主营业务要求	企业治理
9	纳斯达克资本市场(NCM)	资本市场(Nasdaq Capital Market),前身为纳斯达克小型资本市场(纳斯达克小型资本市场是专为市值较小的中小型企业而设立的,上市标准明显低于全国市场)。上市先决条件:经营生化、生技、医药、科技(硬件、软件、半导体、网络及通信设备)、加盟、制造及零售连锁服务等企业,经济活跃期在1年以上,且具有高成长性、高发展潜力者	财务标准及股本要求需满足以下三个标准其中之一: (1)权益经营2年以上,公众持股(净资产达到500万美元,持续盈量100万以上,股东数300名以上,做市商3个。发行价或收盘价在4美元或3美元以上。 (2)已发行证券市值标准:净资产达到400万美元,公众持股数达到1 500万市值达到5 000万美元以上,公众持股量100万以上,股东数(持有100股以上股份的股东)300名以上,做市商3个。发行价或收盘价在4美元以上。 (3)净收入标准:净资产达到400万美元,公众持股价值达到500万美元,最近1个会计年度或最近3个会计年度中的2年年收入达到75万美元,公众持股量100万以上,股东数(持有100股以上股份的股东)300名以上,做市商3个。发行价或收盘价在4美元或3美元以上。 如果企业无法满足上述收益价格替代要求为:(1)企业连续3年平均年收入达到600万美元,或(2)有形净资产达200万美元以上具有3年经营历史。 上市开盘价4美元以上必须维持90天,之后不得低于1美元,否则将降级到场合交易所示场,反之若企业营运良好股价上升在5美元以上,则可申请到全国市场交易		—	(8)代理要求:企业被授要求为所有的股东会议寻求代理。 (9)法定人数:对任何普通股权的股东会议,持有投票权最低1/3的法定票数,即最低33%,即最低1/3的法定投票数。 (10)利益冲突:企业必须对可能引起利益冲突的所有关联方交易进行适当的审查和监督。 (11)股东权利:企业发行特殊证券需要获得股东的批准,包括以下四种:收购,当发行的股份股份达到20%或以上,或发行股5%以上的关联方交易;发行导致企业控制权发生变更的;权益补贴;私募发行的股票数量达到20%以上且流通股市值低于市场价值的。 (12)投票表决权:企业行为不能减少或限制现有股东的投票权

第八章　与管理者共同关注

第一节　关注体制内科技工作者的创业初衷
第二节　关注创新创业的导向
第三节　关注创业者们担心的问题
第四节　关注具体操作
第五节　基层管理部门的关注

创业应该既有理想又有理性,既有方向又有方法,既有效率又有效益。从创业者角度向管理者进言,涉及制度设计和具体操作,对创业者的创业初衷、政策导向、创业者担心的问题,以及具体操作事项进行梳理。

回顾笔者多年的创业经历,一路走来的各种酸甜苦辣,相信创业路上的同行者们能够感同身受。作为体制内的创业者,希望各级管理者们能够看到创业者们特别是草根创业者的种种不容易,他们对现状的不甘心、对事业不放弃,积极努力争取人生有所作为,进而支持他们的创业梦想。正如十九大报告提出的"激发和保护企业家精神,鼓励更多社会主体投身创新创业"。

第一节 关注体制内科技工作者的创业初衷

体制内科技工作者投身创业是值得鼓励的事情。体制内集中了大量的科技资源,体制内科技工作者有责任也有能力在国家创新创业战略中有所作为。但如何动员力量、优化配置资源,让投身创业成为主动选择而不是被动参与,却是政策设计者和管理者们要关注的事情。

1. 我国创新资源总量大但分布不均,高度集中在体制内

相对于其他国家,我国科研资源总量排名位于世界前列,但人均

资源不足,且分布不均。科技部首次编写的《中国科技人才发展报告(2014)》称,我国已成为第一科技人力资源大国,2013年科技人力资源总量达7 105万人。其中,作为科技活动核心要素的R&D人员总量高速增长,2013年我国R&D人员总数为501.8万人。按全时当量统计,R&D人员总量达353.3万人年,超过美国居世界第一位。但每万名劳动力中从事研发活动的人员较少,2015年仅为18人年,约为日本的1/7、韩国的1/5。截至2016年底,我国211高校共计116所,其中北京26所(占比22.4%),江苏11所,上海10所,陕西8所,湖北7所,有14个省份仅有一所211院校,各省区优质高校的资源分配不均可见一斑。科研资源包括人才和成果积累、重大基础设施等,优质的科研资源积累需要一个长期的过程,我国的优势科技资源高度集中在体制内的科研机构和高校,流动性较低,存在一定的封闭性。

2. 现有的科技评审方式容易在基层形成瓶颈

科研项目申报中有一个现象:走向世界不难,走出自己的单位却很难。在一些科技项目申请、科研奖励申报以及人才计划申报中,最难的环节常常是从自己的工作单位竞争出线。在高校,难的往往是从院系突围进入到学校,以及从学校突围进入到部委的范围。在体制内的研究院所,难的是从实验室竞争出线进入到研究所,或从研究院进入到国家评审环节。

产生这种现象的主要原因是资源分配方式中层层审批,常常导致把学科内评比演变为跨学科评比,且每一轮审批的标准存在不同。在具体操作中,为保障科研资源在整个国家科研体系中能相对公平地分配,国家一般倾向于按照科研机构的人数、历史贡献和当前的重要性来对资源进行预分配,将一些指标直接分配到科研机构,例如常见有预定名额的候选人推荐或项目推荐。这种分配和推荐机制确实有助于科研集体之间资源分配的相对公平,但同时却给集体内部的不公平埋下了隐患。以211高校为例，一般校内的学科方向和二级单位均在两位数水平，而推荐指标大多有限，必然造成跨学科的科研成果和人才的比拼。实际上不同学科很难进行比较，比如社会学和工学的科研成果孰高孰低？甚至理学、管理学和工学都很难比较。现实操作中多数单位会向自己的优势学科倾斜。通常的解释是：这种安排可以保证推荐项目和人员的竞争优势，提高在后续评审中胜出的机会。然而，这种看似合理的举荐方法忽视了各级评选中评价指标的不一致性，以牺牲弱势学科为代价，导致一些弱势学科的优秀个体失去了竞争机会。

3. 体制内科技工作者有参与创业的愿望

国家实施的供给侧改革和军民融合改革，目的是理顺体制机制，优化资源配置，提高投入产出效率。对于体制内的科研机构和科技工作者来讲，参与创新创业也是自身资源实现优化配置的途径之一，因为科学研究、人才培养、社会服务三件事，本身就是一个整体。大家看到身边的学术领军人物的业务，绝大多数都要抓这三件事情。常听到一些知名教授说类似的话："研究了一辈子，希望能有用。"这里的"有用"就不再是发论文、出样机了，而是在产业领域有所作为，能够顺利实现科研成果转化并推向市场。

现实中，国家把大量资源集中到了体制内的科研机构，但目前体制内的科技资源对经济发展的贡献并不充分。体制内的科技工作者选择创业，既是国家需要、民族担当、时代机遇的召唤，也是个人进步、事业发展、价值实现的选择，是使命所在。这里引用一位老师的话："相信社会一定会进步，但我们要致力于社会的进步。"对于那些计划创业的科技工作者来讲，可谓天时地利人和，该出手时须出手了。

4. 体制内资源在创新创业中可以有所作为

据《中国统计年鉴》公布数据,2016年,国家知识产权局共受理发明专利申请133.9万件,同比增长21.5%,连续6年位居世界首位。共授权发明专利40.4万件,其中,国内发明专利授权30.2万件,同比增长14.5%。在国内发明专利授权中,职务发明为27.6万件,占91.4%;非职务发明为2.6万件,占8.6%。

我国近几年申请的专利技术总量很高,但专利实施率偏低,转化率徘徊在10%左右,转化后获得规模经济效益的比例在10%—20%,远低于发达国家60%—80%的水平。其主要原因是机构科研与企业需求脱节,供求错位,科研成果的商品化、产业化、市场化程度低。

为此,近年来,政府通过多种方式加强和规范科研成果转化工作,通过高效、规范、专业的中介体系,打通技术转移的供求渠道。包括建立科研成果转化的国家引导基金,鼓励和支持民间闲散资金参与科研活动;制定各类优惠政策,扶持体制内的科技资源参与创新创业工作等。当前,体制内科技工作者面临前所未有的历史机遇、政策机遇、市场机遇,同时,国家的经济发展、产业转型升级也亟待新的力量加入,这也是启动供给侧改革、军民融合国家战略的目的所在。在新的历史条件下,体制内的科技工作者在发挥科技第一生产力作用中,理应有所作为。

第二节 关注创新创业的导向

十九大报告指出:"激发和保护企业家精神,鼓励更多社会主体投身创新创业。"自国家提出创新创业以来,各级管理者按照全面深化改革的要求,从不同层次、多个角度围绕创新创业出台了大量政策措施,有效地推进了工作开展。结合创业者的实际情况,更好地推进产学研深度融合,为提高实效,避免走偏,要关注几个导向。

1. 鼓励创业,要避免政策跟风和娱乐心态

鼓励体制内科技工作者创业,要因势利导,从全局角度整合资源,优化资源配置,提高社会资源的投入产出效率,要按经济和技术规律办事情。政策制定和执行需要注重过程管理和质量管理,具体有以下几个方面:

一是不要在政策上盲目跟风。双创战略启动以后,从中央到地方纷纷出台政策,各地的产业平台也积极提供条件,成立"创客空间",为创业者提供便利。但要避免片面追求高大上,脱离了当地经济产业基础和区域市场需求,一味瞄准高精尖。同时,创业公司选址也要结合实际,因地制宜,避免单纯因为政策因素而盲目落地。

二是不能把创业作为流行时尚来对待。创业是一件严肃的事情,甚至是一件残酷的事情。各级政策不断加大力度,为体制内创业者提供了更加宽松的空间,进可攻、退可守,失败了在三年内还可以回去,社会投资也愿意跟进,同时还有大量的政策扶持。但创业者不能依赖优惠政策创业,更不能够以玩票心态去参与创业。

三是要避免创业内容简单化和娱乐化。当前有许多创业项目围绕娱乐领域展开,行业门槛不高,需求多,机会也多。当然,笔者并不反对合适的技术和娱乐项目结合,只是认为知识分子不应该扎堆到"互联网+娱乐"中去凑热闹,导致资源错配。在创新创业大形势下,科研工作者应该有强烈的时代使命感,坐得住板凳,耐得住寂寞,沉得住心气。科技工作者选择创业项目要立足于技术和产业,有振兴产业的使命感,致力于实现国家富强,在从科技工作者向企业家转化的过程中,能够拒绝娱乐化的诱惑。

2. 促进良性互动,实现科研和创业的协同发展

生活不应只有眼前的苟且,更要有诗和远方。高校和科研院所作为科技工作者的阵地,为科研工作提供了基础资源和条件保障,也提供了对外交流合作的平台,其中也包括创业资源的整合。科技工作者大多还承担教育工作,有助于为创新创业培养和发现人才。同时,科技工作者承担着社会服务的责任,促进科技成果转化是其本身愿望。可见,人才培养、科学研究、社会服务互相协同,相辅相成,一些体制内科技工作者走向创业,符合自身和社会的发展需要。

从国际经验来看,科研机构从事技术成果的转化,总体上可以更好地促进科学研究、人才培养、社会服务的良性循环。所以,体制内科技工作者参与创业,与体制内的科技活动并不矛盾。科学研究和人才培养的目标是服务社会,科研成果的价值体现在为人所需、为人所用。市场需求也为科学研究提出了应用方向。在市场经济环境下,科技工作者应适时调整自身角色,从科技工作者角色转换为市场经济供应链条上的乙方。科研成果的产业化有利于获取资源,反哺科研工作。可以说,从事科研和促进成果产业化,二者唇齿相依,互相促进。

创新创业作为社会经济发展的常态,从政策导向来讲,并不是让科技人员都去当创业者。笔者认为:政策的任务是打通体制内科技人员创业的渠道,让想创业能创业的人放下包袱,有机会去创业。政策导向要避免科技工作者运动式地盲目创业。引导创业者对所在行业有深刻理解,对行业技术和消费需求有精准把控,方能促进科研向产品转化,产品向商品转化。

3. 区域内的科技资源整合,要发挥当地的主观能动性

国家启动创新创业和军民融合战略以来,地方政府特别是欠发达

地区开始行动,希望借助政策机会整合各方资源,促进区域内资源优化配置,这是一些欠发达地区发挥后发优势、形成比较优势的重要机遇。因此,促进地方教育、科研、人才资源的整合和优化配置,不能等待和依赖上级政策,地方政府需要主动出击。

教育资源的整体调配是一个动态过程,受到经济、政治、地缘与文化等多种因素的影响。科技资源作为教育和产业的高层次需求,同样受到多重因素的影响。在区域竞争、产业竞争、企业竞争中,最核心最根本的还是人才竞争。所以,在新一轮政策的驱动下,地方政府面向产业发展的政策设计,基本上都有面向人才的内容。但是,从多年的发展经验来看,区域的人才集聚需要教育、科研、人才的均衡发展,地方政府需要发挥主观能动性,站在更高、更长远的格局和层面上,致力于构建上述三方面齐头并进、相融共生的良性局面。

站在体制内创业者角度,创新和创业的良性互动,既需要大环境引导,也需要小环境支持,这是最近各级政府开始强调的创新创业生态的问题。而这个小生态的建设和形成,更多地要依靠地方政府的努力。

第三节 关注创业者们担心的问题

鼓励体制内科技工作者创业,为他们打通创业渠道,破除障碍,有利于为国家创新驱动发展战略注入新的生机与活力。近年来,各级政府相继推出了一系列政策措施,鼓励体制内科技工作者创业。但目前我国体制内科技工作者创业还有一些担心的问题,需要管理部门进一步完善管理办法,支持有创业愿望和专业优势的科技工作者参与创业。

1. 政策这股风吹过了，以后怎么办

创新创业一直就得到国家的高度重视和大力支持。2015 年李克强总理在政府工作报告中提出"大众创业、万众创新"。主要内容有：推动大众创业、万众创新既可以扩大就业、增加居民收入，又有利于促进社会纵向流动和公平正义。在论及创业和创新文化时强调"让人们在创造财富的过程中，更好地实现精神追求和自身价值"。借改革创新的"东风"，960 万平方公里土地上掀起一个"大众创业""草根创业"的新浪潮，中国人民勤劳智慧的"自然禀赋"就会充分发挥，中国经济持续发展的"发动机"就会更新换代升级。鼓励创新创业已经上升为国家战略，在 2017 年 10 月 18 日召开了党的十九大，习近平总书记在报告中指出："激发和保护企业家精神，鼓励更多社会主体投身创新创业。"

其实，鼓励体制内人员创业早有先例。1983 年 6 月 11 日，当时的劳动人事部、国家经济委员会联合下发《关于企业职工要求"停薪留职"问题的通知》，停薪留职政策自此风行，后来成名的一些商界大佬如潘石屹、王健林等均是递交"停薪留职"申请书之后踏上了创业之路。2015 年 4 月 27 日，国务院出台了《关于进一步做好新形势下就业创业工作的意见》，提出对于高校、科研院所等事业单位专业技术人员离岗创业的，经原单位同意，可在 3 年内保留人事关系，与原单位其他在岗人员同等享有参加职称评聘、岗位等级晋升和社会保险等方面的权利。这一举措与 30 年前的"停薪留职"下海经商本质是一致的。

在实际操作中，对创业者个人来讲要面临一些现实的问题：目前，各高校教师名额有限，人员不足，如离职创业，回来后的教师资格是否有效？工龄是否被认可？创业失败后该怎么办？即便能够回到原单位，缺少了学术积累和人脉积累，回去还能有机会吗？

这种模式对体制内单位也相应产生了一些新的问题，以高校为

例:首先,从短期来看,科技工作者创业占用了单位的资源,从单位小集体来看存在资源损耗和人才流失,会导致离岗人员和原单位的利益冲突;其次是高校岗位与编制管理存在冲突,鼓励在岗人员创业进一步加大了高校编制紧张的问题;而且,由于教师离岗创业后仍然占用编制,为了不影响正常教学秩序就需要新增编制,如果几年后离岗教师再回归,就会形成一岗多人;离岗人员的职称评聘问题,指标和标准如何定?如何保证不同岗位的平衡?这也是高校管理中令人困扰的问题。

在政策面前,大家可以找到一些支持,但这些政策能管多久?会不会再调整?以后怎么办?这些问题还需要一个阶段才能给出答案。

2. 会不会"秋后算账"

体制内科技工作者创业分为离岗创业和在岗创业两类,不管哪类创业都在知识产权上与原单位存在一定关联,在岗创业者尤甚。创业公司的知识产权牵涉职务发明问题,产权往往不清晰。企业做大之前还可相安无事,企业做大以后,知识产权不明晰存在的法律风险日益凸显,甚至可能导致创业者失去对所创成果的控制权。所以在创业初期,单位就应该和创业者一起根据国家的相关政策梳理好知识产权的归属,以及创业公司的股权归属,并签订协议,以避免后续纠纷。

以高校教师创业为例,根据《中华人民共和国促进科技成果转化法》的一系列规定,科研团队产生的科研成果知识产权的50%以上归属科研团队。创业者可将知识产权评估作价入股新公司,也可以通过知识产权获得一定比例的分红权。根据这项规定,在创业初期可以理顺知识产权的归属关系,解决创业团队的后顾之忧。

此外,对于体制内创业,国有资产流失问题会时不时冒出来。内部创业,大多数都需要利用内部资源予以扶持。在这种情况下,获得的成果往往不会首先归功于创业团队,而是归功于所依附的体制内单位。因此,成功的团队一旦获得高于内部一般收益时,"国有资产流失"的声音就容易出现。众所周知,不管是内部创业还是外部创业,失败的概率是很高的。成功了还好说,若失败了,那么所投入的国有资源容易被扣上"国有资产流失"的帽子。因此,这项帽子成为制约体制内企业推进创新的重要障碍。为了避免"秋后算账",需要在创立企业时根据相关法律法规,对有关事项予以明确。

3. 被标记上"异类"标签的尴尬与困难

体制内的创业者,特别是还在原单位挂职的,一不小心就会被原单位标记上"异类"标签,前几年甚至被归为不务正业之流。看到在岗创业人员的成功,原单位的同事中难免会有人会心理不平衡。

以大学科技工作者创业为例,即便是创业者为单位做出了很大贡献,还是有可能会被追问:是否课时比其他老师少,或者科研经费少、论文发表少、申请专利少？就算上述工作都做到了,甚至还有可能被追问指导的本科毕业设计里标点符号有问题等等,诸如此类都会造成在岗创业者的困扰,也给创业企业与原单位的互动造成障碍。

介于此,体制内创业者就必须花一定精力和原单位保持良好关系。实际上,对于初创企业来说,原单位的技术、人才和品牌等资源对提升企业的市场竞争力具有重要意义。体制内单位应该为体制内创业者创造宽松的环境,对创业者带给原单位的贡献予以公开认可,以此减少来自组织内部的困扰。可以通过知识产权转化的股权关系,或者后期的合作关系,促进创业企业与所在单位的利益共享。一方面单位为企业提供智力、品牌,甚至市场支持;另一方面企业回馈单位课题、经费、股权收益等,互相支持,形成良性互动。

第四节 关注具体操作

关于操作层面的内容,希望具体部门的管理者关注。高校和科研院所是国家双创战略的重要阵地和组织单位,相关操作层面的管理,需要单位部门的管理者负责落实。

1. 提高创业有效性

近几年来,各地政府及各类孵化机构出台了一系列创业孵化政策,在各种政策的驱动下,体制内的科技工作者对创业充满了憧憬,特别是看到身边昔日同事创业风生水起,自己投身创业的冲动也日益强烈。于是,部分科技工作者在没有做好创业准备,在技术还不成熟或对市场不了解的情况下,就匆忙加入创业大军。他们未曾想到的是,与 30 年前相比,现在创业的门槛已经高了很多,竞争压力也很大,而政策支持一般存在阶段性,再加上缺乏创业经验,以及停薪留职安排在心态上也为自己留了一条后路,当遇到风险和挫折时容易打退堂鼓,所以这些人创业失败的概率会显著增加。

理想很丰满,但现实很骨感。从笔者身边的例子说起。一位副教授 2012 年开始在岗创业,通过对市场进行初步分析,选择了"高速并联机器人"作为创业项目。经过半年多的奋战开发出了第一台 Delta 并联机器人,但由于缺少资金,产品化经验不足,开发完成后,一连几个月都没有找到客户。创业陷入危机,原因是所选择的行业是资金和技术双密集的行业。实际上,在市场上的国内外成熟产品已有很多,且技术门槛并不如想象的高,因此在技术上也不具备绝对优势,再加上资金不足,很难在业务模式上有重大突破,最终导致创业公司举步维艰。

总的看来,建议体制内创业者首先从本单位长期积累的优势成果中找寻机会。如果本单位的科研成果水平领先且恰好有市场需求,建议选择科研成果所在的行业创业。一是可以通过体制内的科研经费分摊前期研发成本,二是比较容易聚集一批高水平人才,三是作为优势方向容易获得行业资源和市场渠道。

综上所述,国家出台了大量鼓励成果转化和创新创业的政策,落实在操作层面还需要一个消化理解和完善补充的过程。政策的核心是动员资源、打破壁垒、优化资源配置,体制内的科技工作者不能把创业当成赶时髦,必须按技术规律、经济规律、市场规律办事。

2. 是集体创业还是个体创业

创业的主体可以是个体也可以是集体。个体创业时,集体提供一定的条件换取一定的收益,企业由个体管理,个体拥有股份,创业感强、积极性高。集体作为创业主体时,例如课题组、学院,甚至学校,集体给创业企业提供品牌、资金、人才、行业渠道等支持,资源整合能力强、力度大,可以吸引更多的企业加入到平台中来。整合的企业如果能够上下游互补,有助于大家抱团发展,提升市场竞争力和抗风险能力,更容易获得成功。但集体作为创业主体时,要设计好管理团队的激励制度。

下面以高校为例分析集体创业和个体创业的几种模式。

(1)集体创业。

根据创业主体及股权占有形式,高校教师创业可分为学校参股、教师参股、学校和教师均占股份、学校和教师不占股份但有分红等多种模式。目前在国内资本市场上市的具有高校背景的公司,如紫光股份、同方股份、方正科技等,其背后推动者均为科研实力强大的高校。下面对这几种模式逐一说明。

模式一:学校参股模式。教师的科研成果获得合作伙伴的认可,双方产生了合作意愿。学校以教师在职科研成果评估作价出资,与合作伙伴合作成立公司,合作伙伴大多是业内企业,以资金或实物为主出资。因为科研成果的实际拥有者是学校,则学校委托资产经营公司或大学科技园在企业中占有股份,随着企业发展获得收益与分红。按照学校的管理办法,学校和学院以及教师均会获得相应比例的经济收益。此模式是学校倡导的主流模式。对于此类创业企业,由于资产经营公司或大学科技园代表学校参股,必然要承担着经营管理责任和风险控制责任,在重大事项的决策流程上,派驻董事必须按资产经营公司或大学科技园董事会决议意见为准予以投票。在这类合作中,科技成果作价的金额往往不是评出来的,而是合作双方谈出来的,然后通过评估公司出具的报告作为注册企业的出资依据。

模式二:教师参股模式。教师通过科研成果或现金注资实现参股。教师的科研成果获得合作伙伴的认可,以成果注资参股项目。教师也可以用现金参与合作创业,合作伙伴大多是业内企业,以资金或实物为主出资。现金参股模式中,创业企业和学校签订技术开发合同,经费额度基本上是由教师和合作伙伴商量拟定,由于教师已经参股了企业,相当于代表自己的企业和学校签署技术开发协议,这个合同金额往往会偏低。

模式三:学校和教师均占有股份的模式。在模式一的基础上,教师按照无形资产的奖励办法,和学校一起分别持有企业股份,这样可以提高教师的创业投入积极性,此模式一般也符合学校扶持教师创业的政策。

模式四:学校和教师均不占股份但有分红。教师的科研成果以授权形式与企业合作,在技术上支撑企业进行技术升级。此种方式中,教师和学校均不占有企业的股份。教师为企业提供持续的技术支持,在企业发展的过程中也分享长期的收益。虽然教师和学校不占股份,但实际和企业股东一样可以获得长期的利润比例分红。

(2)个体创业。

以高校教师在创业企业中所处的地位来分析,教师创业分为两种模式:一是以教师为主导的创业;二是教师仅以技术投入占股但不占主导地位的创业。

模式一:教师主导创业。教师作为科研成果的负责人,同时也负责企业的运营。此种模式大多在创业初期,由教师和学校自行筹措资金实现的创业。在这种模式中,教师不仅投入学校奖励的无形资产,同时还会投入部分现金。在企业发展过程中,学校和教师一直掌握着企业的实际控制权和管理权。从股份比例上看,教师与学校所占股份比例大多会超过50%,或者具有投票权的股份份额超过50%。从管理权限上看,实际控制企业决策权和财权的主要岗位是教师本人或者其指定管理人。

模式二:教师仅以技术投入,不占主导地位。教师背靠学校平台,在科研力量的支撑下,以技术作为对创业企业的主要投入,而企业的资金、管理、财务、市场、生产等工作则交由合作伙伴负责,双方各占一定比例的股份,各自履行自己的责任。在股份比例上看,教师和学校所占股份比例不足50%,企业实际控制权掌握在合作伙伴手中。

调查发现,多数教师都有科技成果转化的需求,对创业也有一定的认识和兴趣,但苦于没有创业经验、没有合适的合作伙伴,同时对自己的职称评定或职业发展十分重视,从而选择放弃创业。针对创新创业操作层面的问题,政策设计要结合常见的类型、具体的问题提供有针对性的解决方案。

3. 集体创业的关键在于选好负责人

创业是否成功,关键看人。在集体创业中,关键在于选好负责人。这个负责人要充满激情、渴望成功、有胸怀有格局,对市场对企业有经验,有担当、重大局、利群利他,能带好团队,能知人善用。

选人时建议考虑以下几方面:第一,人才的口碑,相信群众的眼睛是雪亮的,充分考虑民意有助于选对人;第二,最好选择有一定阅历的年轻人来干,年轻人更有激情,更富于创新和开拓精神;第三,从职称上来说优先选择副高级及以上人员,这些人在科研上经验丰富,是科研的骨干力量,特别是那些横向课题多、熟悉产业的科技工作者,更容易舍弃学术前途毅然投身于创业,有破釜沉舟的精神;第四,重视从传统重商地区出来的人,这些人才往往商业化思维更为活跃,更容易创造新的商业模式,并且对商业成功的渴望更强烈;第五,核心人才队伍的组建还要考虑互补,除了专业技术人员,还要整合有经验的财务人员和业务人员参与创业,特别是有广泛行业资源的业务人员加入将会大大加快产业化进程并提高创业的成功率。

根据所从事的科研活动来分,高校老师大概可以分为三类:第一类是纵向比较弱,不会写文章、不会写项目申请报告,学术前景不明朗,但很能干,横向经费充足,善于开发出实用产品,是最容易出去创业的群体。第二类是纵向做得很好,论文多,纵向经费充足,目前的评价体系下容易获得学术地位,这类团队出去创业的可能性较小。第三类是纵向和横向都想抓的个人或团队,如果团队不够强,没有明确的分工,则纵向和横向都可能做不好,顾此失彼,较难出实用化成果。这三类中,第一类可以作为我们重点考虑的人才。

4. 集体参与到什么程度

集体作为平台,是否参与企业经营?参与到什么程度?这是值得思考的问题。

现实中,集体对企业提供的帮助,如果分寸把握不当,很有可能就成为创业的制约。创业是一件非常复杂的事情,需要一群人在一个行业里,持之以恒地去拼,既要尊重规律,也要尊重人性。创业所面对的环境充满变化,集体需要为创业者提供空间。如果处处都用条条框框限制企业的经营决策,就会限制企业的发展。

在具体的经营管理中,可以采取所有权和经营权分离的做法,考核原始资产升值,把应该由法律应对的问题交给法律,这样集体只需要做好对企业的考核,而将经营权充分"放权"给团队,可以有效提升团队的执行效率,有利于企业做大做强。

集体除了将经营权交给团队外,还应该在合理合法的前提下给予团队一定的激励,特别是核心管理团队的股权激励,争取要尽早实现,以保持团队的创业心态和创业激情,把核心团队发展为创业共同体而不是职业经理人。

第五节　基层管理部门的关注

对于基层单位的管理部门,例如人事管理部门、国资管理部门,在具体执行有关规定的同时,针对创业人群的管理工作,需要有新的调整。

1.有关法律法规的要求

(1)关于国资的管理要求。

体制内创业者大多从自己所处的专业领域启动创业。因为绝大多数知识产权来源于职务发明,绝大多数创业公司就和国资发生了联系,创业企业也多多少少和国有企业发生了联系。对国有企业来讲,国有资产的保值和增值是基本要求,底线是控制国有资产流失。在此基础上,就有了各种监管规定,在涉及"三重一大"事项中,都有具体的要求。有很多规定是强制性的,特别是对于科技工作者的初创企业来讲,确实还有一个学习和适应的过程。

(2)关于无形资产入股的价值高估现象。

在科技成果转化时,科研机构大多会以无形资产出资入股。按照要求,需要对所出无形资产进行评估,按照评估报告的价格入股。但在现实操作中,越来越多的无形资产作价是由合作各方协商确定。由于对科研机构和技术团队的认可,以及对团队合作的鼓励,合作单位常常愿意接受对无形资产较高的估价,为此,科研机构可以获得更多的股份。为了鼓励团队参与成果转化,建议管理部门对无形资产高估获得的股权采取更灵活的管理办法,例如加大对团队的奖励比例,或者参照非国有资产的要求进行管理。

(3)实施股权激励的合规性。

国有体制下,企业实施各项激励政策需要注意与国家相关政策法规相吻合,不可跨越政策红线。特别是国有企业条件下的有关奖励政策,在标准、程序、项目上要符合规定。例如,创业企业常常需要对管理团队实施股权激励,如果是国有企业,实施股权激励的条件、方式、期限和一般民营企业有很大的区别。

2. 对创业人才的评价

在高校,传统的人才评价体系包括论文、科研、教学等内容,后来增加了思想政治工作,符合这些标准才会被视为"人才"。在创新创业政策下,创业类人才开始进入管理部门视野。对那些投身产业、技术服务、成果转化的人,在传统评价体系里一般得分不高。但如何评价创业类人才,是摆在高校和科研院所面前的一个新课题。鼓励体制内的科技工作者创业,亟待改变体制内对人才的评价标准。通过人才评价标准的调整,科技工作者可以跳出体制,减轻思想包袱,更好地投入创业中。

3. 尊重规律

科研工作者走出大学、研究所走向创业之路时,要按照市场规律办事。从研发思路转换到创业思路,从问题导向转换为市场导向。这一点说起来容易做起来很难。在进行科研特别是基础研究时,更多的是需要学术能力;在创业中,更多的是要考虑客户和市场需求。要认识到,开发的产品即便是技术水平国内领先甚至全球领先,但如果客户不需要,那些功能就是多余的、无效的,反而造成产品成本增加,超出客户的承担能力或心理预期。这种产品可能适合科研,但不是成功的商品。

从科技人员向企业管理者转变,需要一个学习积累的过程。所以,体制内人员刚加入公司时,要给予与其能力相适应的职位,当其胜任此职位后再增加新的权责。管理部门可以增加一些培训机会,帮助其有效成长。管理者必须从实践开始。如果授予超出其能力的职位,一旦失败就会严重打击其创业热情和自信心,抗压能力强的人或许可挺过去,否则就会直接倒下。

4. "名"的问题

管理部门对于创业者的管理和服务,除了对其事业的关注,还要关注其名誉的影响。创业者大多满腔热血,胸怀抱负,立志在自己的领域做出一番事业,发出自己的声音,能在有生之年有所作为。但现实却很残酷,创业者需要养家糊口,需要足够的物质财富作为支撑,满足基本生活的薪资成为必须。同时,在商务交流中还需要对等的身份和职称,这反映了创业者对社会地位要求。创业人员要全身心地投入工作,必须要有基本的生活保障、相应的工作条件,以及方便开展工作所需的社会地位。

对于管理部门来讲,头衔不能滥给。过多的头衔赋予会给外界形成一种"不严肃、不值钱"的印象,影响现有团队的荣誉感,也会减少他人对头衔的认同感。总体上,我们建议管理部门对于体制内创业者要有"名"的认可。有一个名分很重要,名正言顺,很多事情就顺理成章了。

5.改善决策链条

体制内企业容易产生的一大弊端是多头领导,权责不明确,导致管理的灰色地带,哪些该管,那些不该管,管到什么程度,没有确定边界。在一些情况下,容易导致管理不是以业务发展为导向,而是以个人意志为导向。此种情形,轻则造成管理制度混乱,影响员工的工作效率和积极性,重则直接阻碍企业正常经营和发展。

尊重企业作为市场主体的地位。在企业决策方面,建议对企业管理特别是企业资产处置事项建立授权机制,让企业在合法的前提下有更灵活的决策空间,使得企业有能力快速应对市场变化。

6.产学研需要深度融合

产学研合作是指企业、科研院所和高等学校之间的合作,通常指以企业为需求方,科研院所或高等学校提供技术和人才服务的合作,实质是促进技术创新的各种要素的有效组合。十九大报告也指出:"建设以企业为主体,市场为导向,产学研深度融合的技术创新体系。"产学研的深度融合,即将成为深化科技体制改革的一个重要方向。

关于产学研合作互相促进的关系,有很多理论支持,这里不再赘述,但还没有形成社会共识。笔者身边就有一个案例:一家投资机构在考察项目时,在项目投资条件中明确要求创业教师全职进入企业,不允许该教师继续在学校承担科研和培养研究生的任务。笔者认为:作为高校教师出身的创业者,允许培养研究生有以下好处:一是保持和教研室的紧密关系,二是可以为企业培养人才,三是维系教师的身份感。建议管理机构、社会投资机构把考核企业经营效果作为根本内容,能够提供宽松条件,同意体制内科技人员在投身创业的同时,适度保留在原单位参与科学研究和人才培养的机会。

第九章 关于地域文化

第一节 文化没有对错,适者生存
第二节 珠三角的开放包容文化
第三节 长三角的匠心文化
第四节 重庆码头和成都茶楼
第五节 山东的齐鲁文化
第六节 关于东北的民间评说

创业要考虑文化对经济的影响,创业者要学会适应和理解区域文化。笔者结合创业者项目落地的区域选择,分析了主要地区的文化特征,文化对区域经济的影响,文化对政府及其工作人员的经济管理行为的影响。

地域文化是特定地区的生态、民俗、传统、习惯等文明表现,它在一定的地域范围内与环境相融合,因而打上了地域的烙印,具有独特性。创业企业落户和业务开展都离不开特定的地域环境,离不开地域文化对经济活动的影响。

在创业项目成长环境的若干因素中,地域文化十分重要却又容易被忽视。作为一个在北方工作生活了十七年的南方人,笔者深深感受到了地域文化对创业项目的影响,特别是近几年笔者在不同区域布局项目时遇到各种意料之外的问题,更进一步加深了对区域文化重要性的认识。列举几个这些年观察到的一些有趣现象,可以在本章中找答案:

(1)山东、河北、内蒙古地区的系统集成类项目订单平均金额显著高于其他地区。

(2)长三角的上市公司密集分布在几个县城,很多上市公司董事长是在任或者卸任的村支部书记。

(3)珠三角地区做产品的规上企业与做技术服务的规上企业之间的数量差距和竞争力差距显著高于长三角。

(4)重庆的重资产项目优于成都,而轻资产项目则不如成都。如果深究这些现象的形成原因,其背后往往都有区域文化的影子。

第一节 文化没有对错,适者生存

地域文化是在特定地区形成的人文共性,集中表现为传统习惯,从饭菜的口味到住宅的结构,从上班的节奏到领导的称谓,地域文化的影响无处不在。作为在多个地区工作生活过的人,对文化在当地生活和工作存在的影响就会深有体会。地域文化给异地谋生者的第一印象往往是陌生和不适应,进而常常是印象不好。南方人到了北方会抱怨酒没少喝一杯、事没办成几件;北方人到南方则会抱怨芝麻大点事总上纲上线。然而,经济一体化的大环境下,企业的异地发展、全国布局乃至全球化运营都是常态。特别对于体制内的教授们,容易形成知识分子固执坚持的个性,如何应对区域文化不同带来的种种问题是每个创业者都需要正视的。

在创新创业国策下,体制内的创业者从偷偷摸摸注册公司到登堂入室被招商,幸福来得有点突然。地方政府在转型升级压力下,对人才、对项目的渴望和热情让不少创业者有些受宠若惊。如何在各地政府抛出的橄榄枝中做选择,是创业者决定创业后面临的重大决策。有人选择了条件最优厚的,有人选择了离故乡最近的,也有人选择了交通最方便的。作为一项重要决策,创业者会深思熟虑,综合考量各方面因素,然而有一项很重要的因素常常被忽视,就是地域文化。

实践中因为文化不适而失败的项目很多。文化本身没有对错,适者生存。用物理学打比方,文化就像载波,个体就像信号,要么被调制,要么被过滤。从社会角度而言,文化就是约定俗成的社会运行规则,要么去适应,要么被碾压。在哈尔滨开茶馆,在上海开杀猪菜馆注定就只能是小众消费;劳动密集型的企业放到苏南就必然面临招工难;3C制造放到东北,印染日化设到西北,农机属具留在深圳,其前景必然堪忧。尽管历史不能假设,但是不妨碍我们换个角度思考,试想如果华为和大疆不创立在深圳,阿里巴巴不起家在杭州,百度不把总部留在北京,那么现在应该会是什么样呢?

项目和选址存在双向选择,好项目可以有更多地方选择,好地方有更多项目选择,其中一条建议是适应当地文化。这里面的成功经验就像一款叫连连看的小游戏,在当地找一找与自己在创始人背景、行业、商业模式上类似的企业,类似的企业中有不少算是成功的,选址就算过关了。反过来看,如果当地没有一个成功的同类企业,创业者就要多问自己一句,自己凭什么能打破这个规律?

适应地域文化,就是要去适应当地的价值观念、思维方式、人文心态、民族意识、风俗习惯甚至道德规范,以及各种明确或潜在的规则。对于创业者而言,唯有与当地文化相适应,才能匹配好当地社会的经济要素,才能得到社会经济系统的全面支撑。文化作为产业生态的重要因素,企业入驻也要适者生存。

第二节 珠三角的开放包容文化

珠三角地区具备强烈鲜明的包容开放特点。因为开放,珠三角对创新的包容性很强,整个社会也多元包容,起点低的创业相比于其他地区更容易起步,颠覆性强的创业也更容易被包容,试错成本比较低,创业者们可以在珠三角让思想插上翅膀,任性翱翔。

珠三角人能在这个被称为蛮夷之地的恶劣环境中生存下来,并一步步走向全国的经济高地,凭的就是这一股不服输、能吃苦、百折不挠、开放合作的精神。珠三角地区多是沿海的,大多数人以打鱼为生,在海上,每天都要经历大风大浪,并且需要很多人合作,这就促使珠三角人形成了勇敢开放的性格和极强的团队精神。所以,珠三角文化在骨子里是讲求包容合作的。现代产业的社会分工越来越细,创业更重要的是整合资源,将各方面的优势资源整合起来,形成一个成功的合作共同体,珠三角这种融入骨髓的开放、合作、包容的文化精神,对于区域内创业经济体的成长起到了至关重要的激励和催化作用。这也就不难理解为什么在改革开放初期,珠三角能够在经济上迅速发展。合作意识能够提高经济效益,降低交易成本,在长期、多次和重复交往的共事环境中,会使企业和个人因关注未来的收益而放弃不合作策略,因为长期合作注重信用,合作大于竞争,共享胜过独占,企业只有在企业团队之间以及与股东、渠道伙伴、客户之间均倡导平等、共赢、和谐、协同的合作文化,企业才能在分工协作中获得机会,这也符合重复博弈更容易实现高水平合作的研究结论。回头看一下华为的发展之路,在钦佩任正非先生的锐意进取与华为团队的奋力拼搏之外,我们还能看到不同区域、不同背景、不同文化的人群在一起的努力协作,正是这种合作精神助推了华为的爆发式增长。

珠三角区域开放包容的文化特点使得创新意识和创业精神在区域内得到最大的鼓励,珠三角不只是对区域内的人才和技术格外重视,对于区域外的人才和技术,也一样高度关注,客观上鼓励了人才资源集聚,在很大程度上促进了资源优化整合和经济发展。珠三角地区知名高校的数量与长三角、京津唐地区甚至内地如"武汉–长沙""西安–成都–重庆"等相比尚存在一定差距,珠三角地区缺乏知名的研究型高校,与其经济上在全国名列前茅的地位并不相称。因为缺少,所以就对现有的十分重视,同时对引进资源也是大力投入,给予其足够的资源促使其发展和壮大,这样的逻辑在珠三角体现得特别明显。由于缺少具备顶级高校科技资源背景的技术和团队,也由于珠三角鼓励创新和创业的精神特点,因此珠三角对于有能力的团队和项目保持了足够尊重和足够的敏感度,不论身份、不看资历、不看学历的人才观使得那些没有背景但有能力的项目和团队在这里得到发展机会。大疆科技的成功让全世界更多地了解了中国的年轻创业人群。从这个团队的成功来看,一群控制算法的爱好者,把他们对于控制技术的理解倾注于小小的飞行器控制端,从稳定飞行控制到悬停控制,从云台稳定到通信稳定,这个有着不同的教育背景的团队成员努力协作,对技术兼收并蓄并不断创新,经过无数轮试错,终于成功地在技术和应用之间找到平衡,推出第一款面向市场的无人机,快速成长为全球消费级无人机市场的霸主,在这个过程中,我们不仅能够看到技术和资本的合作,还能看到技术和资本对于试错的包容与理解、耐心与坚持。

珠三角地区已经成为我国电子及通信设备制造、电器电子、服装纺织、日用化工、食品饮料、非金属制品等产品的重要生产和出口基地,产业配套齐全,各个生产环节的社会分工已经相当明确,因此各个产业环节之间也需要保持这种开放包容的合作精神,才能够在相互协作中不断巩固自己的优势,不断发展壮大。在珠三角地区,很多的商铺里都供奉着关公。之所以把关公搬到与商业活动有关的场所,除了关公代表财神,在珠三角人的意识里,关公还代表着忠信,表达了珠三角人希望有一个公平守信的商业秩序,诚信经商的意识,形成区域经济文化的信用支持,就是要使企业和个人因有好名声而获得长期回报,或因坏名声而遭受信用市场持续的惩罚,这也是产业分工不断细化,相互合作不断增强,市场经济不断完善的结果。

珠三角在产业分工上所形成的合作包容,同时又注重信用的文化特点,为创业者寻找到合适的产业配套和供应链配套降低了难度,我们经常能够听到珠三角的朋友自豪地讲,在某某区域里不出五平方千米的范围之内,可以完成整个手机的设计生产与组装业务,正是这种产业配套的完整与便捷,为创业者最大程度节约了时间,节约了成本,同时,信用文化的建立也让创业者与配套商之间容易建立信任。从另一方面看,创业者也要小心这种配套能力完善所带来的风险,即"山寨效应"。由于创业者众多,配套能力又强,珠三角的创业者不得不面对竞争者的"山寨效应",由于实现创意相对容易,所以一个好的创意就显得十分珍贵。如果一个好的创意做好了并获得市场,那么会有一群模仿者跟进分享市场蛋糕;如果一个好的创意做好了并没有获得市场,那么也还会有模仿者跟进并试图拓展市场。看一看手机工业走过的历史,看一看"华强北"在世界手机产业版图中的位置,就更能理解"山寨效应"的消极与积极并存的影响力了。

珠三角的人口大部分来自于移民,移民之中最重要的一点就是要相互协作,相互包容,否则就会产生持续不断的族群冲突。从珠三角移民整体稳定的生活现状来看,开放包容的文化特点最大化地融入了移民族群的心中,并落实在行动上。我们国家是一个受"家文化"影响较深的国家,"家文化"具有一定对外封闭性,由于家族企业的社区内敛性和强烈的利益排他性,导致生产要素流动的壁垒障碍。而由人的流动产生的移民文化则有利于经济开放体系的形成。移民文化的特点就是拥有"杂交优势",来自不同文化、经历、背景的人齐聚深圳,使这个城市充满活力,又能够海纳百川,兼容并蓄。在这里,移民唯有开拓拼搏、不断创新才能闯出自己的成功之路。对于创业者而言,这种对于移民的包容、开放的文化特点,使得他们能够很容易地融入其中。所以,创业者们在珠三角不大容易受到地域排斥,也不大会因为语言问题导致交流障碍而创业受阻。

珠三角地区的企业具有显著的外向性,迅速发展的外向型劳动密集型经济,产生了强大的人口迁移拉力作用,形成了劳动力人口特别是普通劳动力的大规模流入。总体上看,珠三角企业存在如下共性:加工型企业多,相当部分属外向型;小企业多,从业人员素质不高,农民工、技工数量大;产品技术含量低,劳动密集型产业多;务实、不张扬,不管学历如何,只看"干活"怎样;企业很拼命,加班加点赶工是正常情况,包括深圳的高科技企业也是,所谓"土狼"和"炮灰团"是这个区域的特征;企业间的现金生意往来相当普遍;企业做事的灵活性很强,会根据形势不断调整,效益观念和时间观念很强,有拼搏精神;但多数企业不注重企业文化建设,缺乏战略;企业的稳定性差,人员流动性大。

珠三角地区政府充分认识到企业家群体对当地社会经济发展的重要价值,全方位、多层次地建立起了民营企业家的培育体系,在政府层面上直接推动珠三角企业家的能力建设。珠三角地区的政府官员普遍勤政务实,注重自身的不断学习提高,表现为很多官员对行业、产业、甚至技术都有很深的理解,实操水平很高。比较突出的是,当地官员对国有及民营经济对政府的作用理解独到,对企业的服务意识强,对于企业提出的困难能积极解决,对需要政府提供的帮助能有效供给。

第三节　长三角的匠心文化

　　长三角核心的商业文化总体表现为匠心文化,具体表现为精细、仔细、极致、文艺的综合。在长三角做得好的企业中,大多能看到匠心文化的影响。长三角的企业家们常常可以在某一个特定的领域做到世界级,能够在世界范围内做成某个整机或细分行业最大市场份额的占有者,但又不是特别知名,所以成为"隐形世界冠军"。

　　历史上的上海、扬州、苏杭都是声名赫赫、万众向往的盛世名都,桨声灯影里的秦淮河,才子佳人的风花雪月,在这里讲求精细、仔细、极致、文艺综合的特点表现得十分充分,"匠心文化"在各个领域内得到生动体现。耳熟能详的苏州园林把园林文化做到了极致,以致成为天下效仿的目标,北京的各大园林,多处都能看到苏州园林的影子。西湖的山水,更是把历史和文化的结合做到极致,三步一景,五步一史,诸多的历史人物、故事传说都在眼前的景物中穿梭而过,文化就在不经意间完成了传承与弘扬。扬州的菜系,把饮食文化的精细做到极致,千层的豆腐丝遇水不散已经成为传奇,区域文化中追求极致、精致的"匠心"在舌尖上得到了最真实的体验。上海外滩十里洋场的风华中,中外文化与经济的交融汇聚最大化地助推了追求极致"匠心文化"的发展,从民国至今,对于时尚的理解还在源源不断地从上海向全国输出。

　　崇尚成功又追求极致,包容与匠心助推长三角的企业家们不断走向成功。

　　上海作为中国早期的开放城市,其文化是中西方文化交流结合而形成的海派文化,其特点是"海纳百川、兼容并蓄",这种海派文化崇尚创业和创新,鼓励个人通过自己的努力拼搏取得成功。在上海的创业者,更容易接受到来自于外界的信息,更容易实现兼收并蓄的创新,所以我们会常常看到,跨国企业的总部很多就设立在上海,这些企业把国外的实践和中国的国情做了融合,开发出适合本地、本区域、全国的优秀产品。在机器人这个领域,国内的很多创业团队都是在位于上海的ABB与库卡工作后出来创业的人群构成。

浙江文化是岭南文化和江南文化的融合,具有自由、冒险、创新、功利性和实用性的特点,浙江人创业凭借的是自主改革、自担风险、自求发展、自强不息的自主精神。因此,浙商的功利性强,给世人留下浙江人会做生意的印象也源于浙江的创业文化。在浙江,不经意间就会遇到工业细分领域的"冠军",比如饮料吸管,全世界最大的供应商在浙江。在当地工厂里面能看到适用于不同饮料、不同包装、不同爱好的各种吸管。只要有要求,就有能满足需要的产品;如果暂时没有,那么短短几天就会开发出来。这种在细分领域做到极致、传承匠心文化的企业在浙江还有很多,比如纽扣、电动工具、头饰发卡等等。

江苏文化则是金陵文化和吴越文化构成的独特文化,造就了江苏人勤劳、本分、温和的性格,因此江苏人不畏困难、善创实业,随着市场经济与传统文化的融合,"创业、创新、创优"也逐渐成为江苏的主流文化,在其文化的影响下经济得到了长足发展,创造了"苏南模式"和经济增长奇迹。在江苏,秉承"匠心文化"的企业更多从事整机业务,充分利用政府手段与市场手段相融合,在某个领域做大做强,成为国内乃至世界龙头。在苏锡常地区,制造业的上市公司比比皆是,仅在江阴一地,聚集的上市公司比北方的某些省份都要多。追寻成功秘诀,有上市公司的老总告诉笔者,江阴的企业家们认准一个方向后往往要往"死"里做,不做到极致不罢休,而且,尽管各个企业家们所选择的领域不同,往往还要在内心中"比着做",就看谁能做到各自行业的龙头,不止看能不能成为龙头,还要看成为龙头后的产值规模与效益水平。

从三地创业文化来看,长三角具有理性、开放、创新和兼容并蓄的良好人文精神和环境,这些优秀的创业文化无疑会为长三角经济的快速发展奠定坚实基础,而从另一个角度看,市场经济的发展确立了经济发展的文化价值体系,影响和重塑了现代人文性格,自由、平等、开放、竞争、诚实信用和开拓创新成为现代人文精神的重要特征,由此不断推动经济和社会的全面发展。

倡导积极进取的人文环境一定会助推产业良性发展,但不同的人文环境加上不同的政府作用也会产生不同的产业效应。江苏和浙江的产业发展很大程度上是受到上海产业辐射的影响,因此上海、江苏和浙江工业结构出现趋同的现象,但江苏和浙江的企业发展也呈现了不同的特点。江苏和浙江最明显的不同就是江苏大型国有企业更多而浙江民营企业更多,究其原因主要源于各地文化以及政府导向的影响。

浙江人在勇于冒险、自求发展和逐利文化的背景下,民营企业成为浙江企业中最活跃也最具有代表性的经济主体,从而形成了浙江经济遍地开花的局面。而江苏经济的主体多为大型企业,包括国营企业和大量的台资企业。从历史上看,改革开放以后江苏和浙江的乡镇企业异军突起,但浙江在后期通过产权改革将乡镇国有企业转变成了民营企业,而江苏政府没进行及时调整,地方政府为了保护国有企业投入了大量资金,民营企业获得的支持偏少,发展不够。与之相反,浙江的企业家在政府的引导下抓住了乡镇企业转型的机会,创造了民营企业的神话。在江苏和浙江,上市公司常常密集分布在某一些县城上,大多和地方政府的引导有关。

当然,除了人文环境的影响以外,经济发展还需要其他条件支撑。以下方面对长三角地区的发展有重要影响。

一是商业环境和基础设施。 随着国企改革深化、乡镇企业转型和私营个体企业地位的确立,长三角逐渐形成了"多轮驱动、齐头并进"的多种经济成分并存共同发展的新格局。"三资"(外商、港澳台商投资企业)工业已经成为支撑地区工业快速发展的重要力量,并与国有工业和乡镇工业形成三足鼎立之势。同时,该区域已经形成良好的金融和投资业态,为企业发展提供了有力的资金支撑。软环境方面,长三角地区的产业发育充分,产业集群,规模效益好,政府办事效率很高。

长三角具备发达的基础设施和区域交通条件。基础设施是企业发展必需的硬件条件,包括便利的综合交通网络、城市基础设施,以及围绕城市功能和产业调整投入的基础性建设项目。良好的产业发展环境,有利于吸引高端人才和产业投资,从而激励创业创新活动,并转化为经济优势。

二是政府政策。政府政策对于产业的发展具有非常重要的支撑和引导作用,在一定程度上决定了当地经济发展的主要方向,这也是长三角范围内不同区域表现出不同产业特点的主要原因。政府根据产业发展规划,制定出多种政策招商引资以及宽松丰富的创业创新支持政策。以创新创业支持政策为例,长三角地区政府积极鼓励创业,促进产学研结合,加强技术创新和发展高科技,加快科技成果转化,并为优秀的项目提供资金支持、人才落地支持、场地租金补贴、税费减免以及提供各项服务、支持和帮助等。

三是科研和教育。长三角集中了全国众多科技与教育资源,是中国科技人才最密集的地区之一。该区域拥有雄厚的综合科技实力,代表着国际一流的科研教育水平,这为该区域的产业发展提供重要的人才、技术和项目支持。不难看出在长三角已经形成人才和产业的集聚,这种集聚形成一个有力的正反馈,带动经济高速增长和持续发展。

第四节 重庆码头和成都茶楼

巴蜀文化指四川省、重庆市的文化。巴文化以重庆为中心、辐射湖北西部、四川东部、陕西南部及贵州北部地区。蜀则是川西、陕南、滇北一带。巴蜀地区虽地处我国西南,但是以富饶的成都平原为依托,传统农耕经济比较发达,本区四周形势险要,军事上易守难攻,加之与外界文化交流不畅,故形成了独特的地域文化。

成都的平原农耕和重庆的集市码头,不同的生产方式形成了不同的文化。二者由于空间接近,在经济往来和文化交流上比较频繁。重庆、成都虽同属巴蜀文化区,但从历史上看,巴蜀在政治、经济、文化上一直存在差异。重庆与成都地区的文化经过长期相互融合,至今虽以巴蜀文化加以概括,但两者仍有许多不尽相同之处。

成都平原一马平川,天府之土,沃野千里,借助于四川省会政策等方面的原因,充分发展外向型经济,将成都打造成为四川甚至西南地区商贸物流集散地,市场公开透明,商贸发达。与商贸配套的是,茶馆作为成都重要的社交场所,体现了成都集市文化的特点。成都人"君子精敏,小人鬼黠"的特征,实际上是集市文化的集中体现,成都人的共同性格特征表现为闲适、散漫、委婉、绵软、精致、崇文、慢、平、淡定、不慌不忙。

人才聚集是创新创业的基础,成都拥有高等院校、国有独立科研机构、国家级工程技术研究中心、国家级重点实验室168家,各类专业技术人才80万人,专利申请量、授权量位列中西部第一位,科技竞争力在中国重点城市中排第9位。截止到2017年8月的统计,成都市设立总额不少于18亿元人才发展专项资金,同时提高对引进人才的资助力度,每人可给予120万元到300万元的资助;此外成都政府还优化分类分层资助方式,按照人才类别和水平分别给予300万元、200万元和120万元的资金资助,从新政内容和资金量可以看出成都政府对创新和创业的支持力度,体现了成都集市文化"拿来主义"的特征。相关内容可参考《关于深入实施"创业天府"行动计划,加快打造西部人才核心聚集区的若干政策》。

成都发展特点概括为"三轴三阶梯"模式,即以"复合城市化、要素市场化、城乡一体化"为路径,从"全城谋划"到"全域统筹"再到"全球定位"的发展模式。通过塑造城市形象和城市品牌带动产业品牌和产品品牌,初期政府作为主导力量推动城市建设,借助于四川省会地位,充分发挥外向型经济,将成都打造成为物流商贸集散地。在规划推进中,充分借助市场力量,发挥市场对资源的配置作用,体现了政府对市场机制的尊重,对经济规律的尊重。

对于大众创业、万众创新而言,成都同样发挥市场主导作用,政府作为引导,确立了规范的机制,角色清楚。成都的创新创业环境十分优越,物价相对北上广便宜,同时人才济济,政府为支持创业出台了很多扶持政策,吸引了不少人从北上广深回成都创业。但成都同时面临信息滞后,产业人才相对不足,融资渠道少等问题。创业领域比较宽泛,突出文娱、游戏、软硬件开发等领域,产业还需要进一步聚焦。也许是成都"拿来主义"的体现,什么领域都试一下。经过一段时间的发展,互联网领域已初步形成集群,成了继北上广后又一互联网领域集中创业的热土。

重庆多山,内有长江和嘉陵江两条大河,水路交通发达。得舟楫之利,码头便成为重庆人生产生活的重要场所。长期以来,码头文化的部分,如船、船夫、纤夫、袍哥等都得以保留,重庆人"质直好义"的风格也得以传承,重庆人的共同性格特征表现为忙碌、躁动、直接、刚烈、粗放、尚武、快、陡、激烈、风风火火。

重庆科技教育力量雄厚,人才富集,拥有1 000多家科研机构,34所高等院校,60多万名科技人员。重庆的工业底子厚实,重钢、长安、嘉陵、建设以及后来的隆鑫、力帆、宗申等工业企业,在行业内都赫赫有名。

重庆政府属于"大政府"范畴,总体规划性强,能够集中资源优势办大事,同时政策执行力度较大。重庆政府对创新创业的支持主要注重规模企业和知名企业,给予了大量的资金和政策的支持与倾斜,但对大众创业的"游兵散勇"的支持,无论是资金还是政策都有待加强。随着产学研深度融合的推进,创新创业观念也在逐步改变,重庆的政府和创业者个人也都正在与时俱进。2017年8月,重庆发布了招商政策的四个"黄金十条",号称地表最强招商政策,仔细研读下来,虽然重心还是在规模企业,但是对中小规模的创业者而言,也打开了政策通道。

重庆的优惠政策和管理体制,以政府资产证券化为经济引擎的发展模式,推动了金融服务业的发展,江北嘴中央商务区已经建成,大批银行、证券、保险和各类金融中介服务纷纷入园,金融机构数量是中西部各地之首。重庆作为长江上游地区的经济、金融和创新中心,也是内陆地区对外开放的国际化窗口,逐渐完善的金融产业生态,从天使投资到后面每一轮的跟进都相对成熟,为创业者提供了更多的自主权和创新空间,逐步成为实现创业梦想的首选地区。

第五节　山东的齐鲁文化

从历史上看,山东地区非常适合人类居住,是中华文明的发祥地之一。该地区文明起步较早,成为众部族争夺的焦点,由此也带来了民族与文化的融合。随着历史的延续,博大精深的齐鲁文化逐渐形成。山东文化主体为齐鲁文化,作为中国传统文化的基础,有如下特点:一是齐鲁文化具有开放和包容性。齐鲁文化经历春秋战国时代,儒家、道家、名家、法家、阴阳家百家争鸣,以儒家为代表的学说逐渐成为先秦思想的集大成者,表现出开放、包容的特点;二是齐鲁文化是齐文化崇法重利与鲁文化重德隆礼相融合,具有法治、德礼兼重的特点;三是齐鲁文化蕴含的人道精神与和合思想。"仁者爱人""以人为本""以和为贵"都体现出齐鲁文化的亲和力,亲人、重民、重德、贵义是齐鲁文化的核心。

儒家文化的特点正是齐鲁两种文化的交融流转,齐文化尚武、侠义、开放、革新,鲁文化尊传统、尚伦理、贵仁和。齐文化具有灵活性、机智性,鲁文化偏于平庸、实干,最终形成了山东礼让、智慧、勤勉、爽直的文化特色。尽管两种文化的气质和走向不同,但崇仁尚义的内在品质和包容天下的地域胸怀却得以合流,经过历代山东人的完善,形成了具有鲜明地域文化特色的山东性格,即重礼仪、讲义气、尚豪侠、贵朴质,而齐鲁文化中充满仁爱的山东精神、好客文化在山东根深蒂固。作为儒家思想精华的孔孟之道,一向提倡"仁义礼智信"和"温良恭俭让"。山东人的特点表现为"耿直豪爽,行侠仗义,勤劳朴实,诚信善良"。

虽然经济的发展受到资本、技术、地理位置、政策等因素的影响,但是文化对经济模式、产业结构的作用同样不可忽视。齐鲁文化为山东经济发展提供强大的精神动力,奠定良好的思想基础,推动山东人从事各项经济活动。区域文化的表现形式多样,从语言、饮食、戏剧、书画、民俗到城市与经济建设的各个方面,都体现着区域的文化特色。山东文化在经济领域的影响表现为包容多元、特色多元的城市建设,如青岛的电子产品、淄博的陶瓷、临沂的商贸批发等。互相包容的发展方式,例如商旅的结合,商业资源与旅游资源的相互支撑,大型国际化博览会与专业化的经贸活动,在专业化的团队保障下有机糅合,已成为山东靓丽的名片,更加促进了富有现代气息的商贸旅游文化的持续发展,也反映了山东商贸文化历史的深厚底蕴。

儒家文化讲究正德、厚生,提倡修身养性齐家治国平天下,努力发挥主观积极能动性,积极入世与社会、国家紧密联系在一起,融入集体和国家的价值目标之中。这种积极入世的社会情怀是推动人们建功立业、发展工商经济的重要精神力量。除此以外,齐鲁文化培养了山东人积极进取、勇于开拓、乐于奉献、爱岗敬业、团队合作的精神,形成了山东地区特有模式的"企业家精神"。这些精神支配着企业家的行为,企业家左右着企业经济的运行与发展,更进一步地推动山东经济社会繁荣发展。近年来山东省经济平稳增长,结构调整稳中有进,运行质量稳中有升,这与植根于齐鲁文化沃土有很大关系。儒家文化倡导的"忠诚精神"对山东经济发展的影响主要体现在优化企业管理、完善企业文化上,增强员工对企业的归属感,提高企业凝聚力。"诚信精神"对区域经济发展的作用主要体现在充分发挥资源配置的作用,提高经济运行质量,维护企业的社会信誉。

第六节　关于东北的民间评说

东北经济当前的表现成为各方面关注的焦点,有人认为是地域文化不适应新经济的要求。实际上,同样是东北文化,在1945年,东北地区的GDP曾占全国(包括上海、台湾)的85%。所以,关于地域文化和经济发展水平的因果关系还需要慎重下结论。但是,地域文化对地方政府的影响,对创业的影响还是值得重视。

下面对一些有关东北地区的流行观点,笔者从创业的相关角度谈谈认识。

1. 投资不过山海关

首先说资本。有一个时期在网上流传《投资不过山海关》的帖子,提到了资金不愿意投东北的项目,设立在东北的创投基金总额不到北京的1%,并把东北创业难的主要原因归结为缺少资本介入。

关于这一点,笔者并不认同。总体上,时机、资本、团队、创意、商业模式这些创业要素中,相对其他要素,资本的流动性最好。例如很多基金集中设立在某些区域,或是为了税务优化,或是便于募集资金,但设立区域往往不是其主投区域,可见区域并不是限制资本流动的真正原因。另一方面,经过近十几年互联网资本盛宴的历练,投资机构的专业性已经大大提高了,投资决策流程的标准化做得也比较好,项目注册地对投资影响很小。

再用笔者自己为案例来讲,笔者在东北的四次创业,两次失败,一次成功,还有一次在路上,其中没有一次卡在融资上,甚至失败的两次也都在天使阶段就融到了不少钱。笔者身边创业失败的项目死在融资上的也很少。相反,由于东北优质创业项目少,优秀项目在融资上的竞争并没有北上广深激烈,大家稍微关注一下东北各类创业节目中创业明星的项目质量就会很清楚,用句时髦的话:"创业,钱是最不用担心的问题。"

2. 政策支持力度不够

其次说政策。一种观点认为国家给东北政策不好导致了东北经济的现状。比如资源经济向上的时候都是国家管理,向下的时候就把包袱甩给了地方;再比如国家开发区、自贸区、新区的政策给得晚,有些新兴产业的特别政策给得少等。这些问题在一定程度上存在,也确实是导致东北经济结构偏重的因素之一。但是把东北经济现状,特别是创业环境问题归咎于政策,笔者也是不认同的。原因如下:不否认国家在历史政策上确实有些亏欠东北,但是政策并不是导致东北当前经济形势的决定性因素,至少不是唯一因素。

举几个例子:国家经济百强县的前20位高度集中在江苏、浙江和广东,其中有些确实有政策因素,还有一些是地缘因素,但是更多的与政策和地缘关系都不大。如江苏的江阴、张家港,广东的顺德,浙江的余姚、义乌。从政策上讲,这几个县并没有得到国家的特别政策照顾;从地缘上讲,这些地方都是经济发达区域圈的偏远区县,特别是义乌。然而,一个江阴拥有近50家上市公司,一个义乌的财政收入可以比肩某些地级市,而张家港沙钢的年销售额就比有些省会城市的年工业销售收入总额还要多。这些经济强县的共性是什么?笔者的体会是文化,比较突出的是重商文化和开拓文化。在这种文化的熏陶下,这些地方有东北最稀缺的资源,就是企业家,也可以叫创业家,此类人有一些共性特点:敢于冒险、务实、勤奋、有大局观、讲政治。最后一条不是因为笔者讲政治才这么说,而是事实如此,有兴趣的朋友可以自己去验证一下。所以笔者认为政策因素固然重要,但并不是决定性的。

3. 政府效率低下

第三个说说政府。有些观点认为地方官员的不作为阻碍了东北经济的转型和再创业,如网上曾经提到的地方官员"吃拿卡要"和"JQK"文化,也不乏有一些实例。有人认为,在政府主导的中国经济环境影响下,中国官商关系一千多年来都难以摆脱"互惠互利"的关系,无非是轻重不同。但从笔者身边来看,自严抓四风以来,官员的工作作风得到明显改善。特别是近两年,大量年轻干部的注入和人员调整,东北官场作风有了很大变化,有很多干部是想干事也敢干事的。

但大家依然觉得东北地区地方政府不行,问题在哪里?笔者觉得从现象上来看是效率低,而从原因上讲是缺少善于执行的优秀干部。对比当下的东北官员和江浙沪官员,想干、愿干的比率实际上是差不多的,但是能干的比率差距较大,换句话说就是业务能力的差距较大。对于智能制造、机器人、绿色经济、大数据等媒体天天报道的名词,东北干部还能比较熟悉,但对有限合伙、溢价、退出、实际控制人、融资租赁、金融租赁等实操层面的业务往往不太熟悉。相反,在华东、华南,一个县开发区的普通办事员也耳熟能详,而政府主要官员甚至能够直接做交易架构设计。如果说优秀企业是由一个优秀的战略家带领一批优秀执行者共同创造的话,那么东北政府应该是不缺战略家,而是缺执行者。

4. 人才政策强度不够

最后谈谈人才。近年来,东北人才净流出数量很大,也成为东北经济衰退的表现之一。笔者想起一位前辈的说法,当年关内吃不上饭,才要闯关东,现在经济改善,吃饱饭已经不是问题,人口自然向更加宜居的南方流动,这是规律,原因不在东北政府。有人举反例说北欧也很冷,为什么经济没有问题。要注意北欧虽然冷,但是北欧的大部分国家是全国都很冷,人口要想跟着环境流动,就需要跨国,流动性被国界有效限制了。

回到人才政策上,近一两年,以黑龙江为例,政府对人才的重视程度大大加强。笔者在人才战略强省的江苏工作的时候,县、市、省的人才项目都入选过,也得到了不少政策上的帮助,主要是针对笔者创办企业的支持。在2017年春节前,笔者在哈尔滨收到了省委组织部发的人才卡,附有家属和子女的照顾政策,支持力度之大,很让笔者感动。所以人才政策并不是阻碍东北创新创业的关键,那么问题在哪里?笔者觉得是缺人才,整个地区都奇缺一种人才,就是企业家。优秀的教授专家能不能成为优秀的企业家?有一定的可能性,但不会是主流。教授专家的思维模式聚焦在专业的科学问题和面向国家需求,但他们缺乏优秀企业家所需要的生产、研发、销售、财务、法律等全面性的综合素质,缺乏工作的节奏感,最重要的是缺乏财富欲望和对竞争性市场的理解。

5. 东北创业环境的瓶颈

关于东北的创新创业环境,笔者有以下理解。

一是政策制定的可行性论证不足。这在经济发达地区影响没那么严重,因为那里有强大的执行层,不缺执行的能吏,政策偶有理想化也会在执行时被纠正。搞工科的有一句老话:质量是设计出来的,不是制造出来的,设计水平决定工程结果。

二是行政系统缺乏精通业务人员。特别是懂经济懂市场,承上启下的能吏,也就是缺少优秀的处长和科员。提高工作队伍的执行力,既要转变认识,也要提高能力。

三是创业接口部门业务水平有待提升。创业接口部门主要有工商和税务,笔者亲身经历过三个资金量在 10 亿以上的项目,在东北注册受阻后去了其他地方。

工商的问题不在国家法律,新《公司法》已经赋予了新创企业很多便利,也不在于服务态度好不好,东北的工商窗口服务态度近年来有了很大改观,而在于另外两个问题:一个是业务水平,工商窗口是创业第一站,公司核名、章程制定,这两件事对窗口办事员的专业要求非常高,为了不出错,东北窗口往往是用模板工作,与模板不同就否决。另一个问题是工商这个系统的管理问题,工商和税务的重要人事是垂直管理的,窗口的工作人员更习惯按既定程序做事情。

四是缺乏企业家群体和企业家储备群体。这里面既有历史造成的轻商文化的影响,也有创业人才外流的原因。总之,缺乏企业家基因,没有企业家苗子的群体,没有创业人才的培养土壤,很难有成规模的创业群体出现。

五是缺乏市场需求和订单量。注意不是缺市场经济意识,而是赤裸裸的缺市场。市场订单是企业生存和发展的基础。

东北为什么缺市场:一是地理问题,东北的人口大市哈尔滨、长春、沈阳、大连,在区位上距离都在 300 千米以上,而二线城市数量少,地广人稀,地理距离把连片的商业模式给撕裂了。与华东地区比较,当年脑白金起家靠的是在江苏的县城地推,然后快速复制,这个模式拿到东北就不会成功,为什么? 华东地区的经济模型是以县城为单位的,大量富裕县城紧密排布,300 千米范围内可覆盖人口在一亿以上,加上长三角和珠三角密布的公路交通网,促成了紧密关联、联动的大市场,在县城里试验成功的商业模式,可以迅速批量复制,我们都知道可复制性和总量是商业成功的关键要素。二是历史问题,东北经济由计划经济转市场经济,由重转轻的时间短,相比于供给侧的后知后觉,需求端也是严重滞后的,需求端滞后,就是市场总量萎靡,没有人买单,自然市场小。三是人和方法的问题,刺激市场需要手段,例如对政府购买服务和本地优先这两个调节工具,不会用和用得少,东北有央企情节,很多重大的订单都给了央企。企业家最重视的就是市场,市场不足是制约东北创业环境中最基础的问题。

六是缺少重商文化。重商文化不是指重视成功的商人,实际上,成功商人在东北受重视程度比经济发达地区要高。重商首先要重视小商人,成功的企业家在成功之前大多是从小商小贩做起的,东北文化对小商小贩比较轻视,把很多优秀企业家苗子扼杀在了启蒙阶段。东北的重商文化不足,一个原因是计划经济比重高,民营经济发展不足,但是会随着时间的推移得到改善;另一个原因是东北人主要由山东迁徙而来,特别是鲁西贫困地区,经济较好的鲁东和胶东半岛的则比较少,山东是受儒家文化影响最深远的地区,儒家文化是轻商的,山东之所以这些年有了变化,主要还是区位上接近经济活跃的华东腹地,又紧邻政治中心,大量成功商人的崛起,特别是胶东半岛的经济崛起,逐步改善了山东地区轻商文化带来的问题。

第十章　HRG 的实践与探索

第一节　HRG 基本情况
第二节　HRG 机器人产业生态圈
第三节　HRG 孵化案例

以哈工大机器人集团(HRG)为例,介绍了体制内科研团队的创业工作:坚持根植学校和紧密联系市场的特色优势,按照"打通技术逻辑,打通市场逻辑,全面对接资本市场"的要求,围绕机器人领域实施产学研深度融合,围绕"聚天下力、争世界先"的发展理念,通过"创新+创业+产业"联动发展,努力打造机器人产业生态圈的平台业务模式。

哈工大机器人集团(HRG)成立于2014年12月,由黑龙江省政府、哈尔滨市政府、哈尔滨工业大学(HIT,简称哈工大)联合组建。作为体制内科研团队整体产业化的创业案例,自创建以来,HRG突出根植学校和紧密联系市场的特色优势,按照"打通技术逻辑,打通市场逻辑,全面对接资本市场"的要求,因势利导,不断完善"创新+创业+产业"联动发展的业务模式,提出了"聚天下力、争世界先"的发展理念,逐步形成了打造机器人产业生态圈的平台业务模式。

第一节 HRG 基本情况

1. HRG 成立的形势和背景

HRG成立有以下形势和背景:一是德国提出工业4.0后,我国开始推进中国制造2025战略;二是机器人产业得到高度重视,习近平总书记在2014年两院院士大会上做了专门论述;三是创新创业国家战略的实施。同时产业转型升级、老工业基地振兴等战略不断深化,以及哈尔滨工业大学在机器人领域的技术、人才、项目的深厚积累等。

(1) 德国工业 4.0。

德国长期以来都是全球领先的装备制造业供应商,但移动互联网时代的到来使得德国传统工业强国的优势受到挑战,尤其是 2012 年美国提出了"工业互联网"战略后,德国感受到了制造业的危机,为维持领先地位,在 2013 年 4 月汉诺威工业博览会上正式提出了工业 4.0,力求实现实体工业与"互联网"世界的链接,以此来巩固德国企业未来在工业制造方面的核心竞争优势,并意图引领第四次工业革命。

德国工业 4.0 是一次革命性的概念,根本驱动力来自商业模式与智能服务体系的创新技术变革。改变了以往的工业价值链从生产端到消费端、从上游向下游推动的模式,突出从需求端出发为客户提供定制化的产品与服务。工业 4.0 以智能化为核心的工业价值创造革命,推动了工业、企业、商业模式从销售产品到销售服务的转变。工业 4.0 的九大技术支柱包括:一是互联网时代的三大底层基础设施——工业物联网、云计算、工业大数据;二是两大硬件技术——3D 打印与工业机器人;三是两大软件支持——工业网络安全与知识工作自动化;四是面向未来的两大终极技术——虚拟现实与人工智能。

(2) 中国制造 2025。

德国工业 4.0 提出以后,我国开始启动应对措施,在 2014 年 12 月,中国制造 2025 正式提出。2015 年 5 月 19 日,国务院印发了《中国制造 2025》,部署全面推进实施制造强国战略。

《中国制造 2025》提出,坚持"创新驱动、质量为先、绿色发展、结构优化、人才为本"的基本方针;坚持"市场主导、政府引导,立足当前、着眼长远,整体推进、重点突破,自主发展、开放合作"的基本原则;通过"三步走"实现制造强国的战略目标:第一步,到 2025 年迈入制造强国行列;第二步,到 2035 年中国制造业整体达到世界制造强国阵营中等水平;第三步,到中华人民共和国成立一百年时,综合实力进入世界制造强国前列。

《中国制造2025》将"高档数控机床和机器人"作为大力推动的重点领域之一,突破机器人本体、减速器、伺服电机、控制器、传感器与驱动器等关键零部件及系统集成设计制造技术等技术瓶颈。并在重点领域技术创新路线图中明确了我国未来十年机器人产业的发展重点主要为两个方向:一是开发工业机器人本体和关键零部件系列化产品,推动工业机器人产业化及应用,满足我国制造业转型升级迫切需求;二是突破智能机器人关键技术,开发一批智能机器人,积极应对新一轮科技革命和产业变革的挑战。

(3) 2014年两院院士大会总书记对机器人产业的论述。

在2014年的中国科学院第十七次院士大会、中国工程院第十二次院士大会上,习近平总书记就机器人产业发展做了重要指示,强调机器人是"制造业皇冠顶端的明珠",其研发、制造、应用是衡量一个国家科技创新和高端制造业水平的重要标志。总书记指出:"我国将成为机器人的最大市场,但我们的技术和制造能力能不能应对这场竞争?我们不仅要把我国机器人水平提高上去,而且要尽可能多地占领市场。"

讲话指出:中国作为制造业大国,是全球最重要的机器人市场之一。我国的机器人产业发展要把水平搞上去,要掌握核心技术;同时要更多地占领市场,要求要有自主品牌。两院院士大会上总书记对机器人产业的讲话,掀起了国内机器人产业发展的高潮。

(4) 其他背景:双创战略、老工业基地振兴、哈尔滨工业大学的技术积累。

HRG的成立还与以下相关背景有关。李克强总理于2014年9月夏季达沃斯论坛上提出"大众创业、万众创新",并演进成为国家战略。在此之后,各级政府部门为推进"大众创业、万众创新"纷纷出台相关政策措施,推进"双创"工作。

同时,东北老工业基地振兴也进入到攻坚阶段。在"调结构、转方式、稳增长"的大形势下,东北地区面临传统产业增长乏力,新兴产业发展动力不足的问题。在黑龙江省,作为当地支柱产业的石油、煤炭、森林等传统产业下行,地方经济增速下滑,对传统产业的改造升级和对新兴产业的发展需求更为迫切。

哈工大是我国最早开展机器人技术研究的单位之一,建有机器人研究所、机器人技术与系统国家重点实验室,在空间、工业、医疗、智能服务等机器人领域有丰富的项目、技术、人才积累。

在上述多方面形势和背景牵动下,在有关领导的支持下,由黑龙江省、哈尔滨市、哈工大三方联合,HRG应势而生。作为创新创业、科技成果转化的示范项目,HRG积极参与服务地方经济转型升级和老工业基地振兴的工作。

2. HRG 的业务领域

HRG业务涵盖机器人产业链的多个环节和多个应用领域。主营业务涵盖机器人零部件、工业机器人、服务机器人、自动化装备、自动化立体仓库及仓储物流设备、机械电子设备、大型自动化系统及生产线、锻压自动化装备、焊接自动化装备、建筑智能化及机电工程设备等研发、制造、安装、销售及相关技术转让、技术咨询、技术服务等,正在向医疗康复养老、文化娱乐、教育、人工智能等领域布局。

HRG作为基于哈尔滨工业大学优势学科发展起来的企业,可以在机器人的技术研发、工程应用、渠道拓展等多个应用领域获得学校资源的支持。按照省市校领导"打通技术逻辑、打通市场逻辑、全面对接资本市场"的要求,HRG的业务领域除了产品、技术、项目等实体业务以外,同时还在全球范围拓展渠道,在机器人和智能装备领域积极导入科技成果和高端人才,促进项目孵化。为此,HRG作为一个平台,同时在开展技术研发、项目孵化、项目投资等业务。

基于HRG的特殊性,HRG的业务主要有两个方面:一是推进产学研合作、成果转化和项目孵化的平台业务;二是面向市场的产品、技术服务和系统集成的实体业务。

3. HRG 的平台业务

HRG 的平台业务可以概括为"搭建平台、整合资源、运营生态",定位为平台运营商和产业生态服务商。平台业务的基本思路是发挥 HIT 的技术人才项目积累和 HRG 面向市场的渠道,持续导入外部项目、培育内部项目、输出成熟项目。瞄准机器人和智能装备领域,搭建开放平台,广泛整合技术、人才、资本、市场、政策、生产条件、项目落地等要素资源,为孵化项目提供全要素和全产业链服务。通过联合地方政府、行业客户,逐步发展成为机器人生产、销售、服务及机器人产业孵化平台的产业生态运营商。

经过发展,平台功能逐步完善,形成了以下服务业务:

一是金融服务。为孵化项目提供投融资服务,为孵化项目提供项目投资,为项目经营提供融资服务。同时建立多样、可行的股权退出和资产证券化通道,努力打通从项目来源到投资退出的完整通路。

二是 R&D 支持。HRG 通过联合哈尔滨工业大学机器人技术与系统国家重点实验室、沈阳国家智能机器人研究院、重庆国家机器人检测中心等科研机构,为项目提供研发支持。同时,HRG 根据机器人产业专业领域和地方产业需求筹建了多家专业研究院,为加入 HRG 生态圈的项目提供技术支持。

三是知识产权服务。HRG 知识产权服务是以企业科技成果及其项目为基础,以成果产品化和法权化为着力点,以形成专利技术和产品及强化企业竞争力为目标,通过优化资源配置、运用知识产权孵化服务模式等一系列举措,提高企业对知识产权的有效管理。

四是人才服务。HRG 面向孵化企业提供人才规划、人才引进、高端人才培养、人才评价、高端人才猎头等服务,与金融、投融资服务形成全面服务管理体系,提高孵化企业成长效率。

五是调研和咨询服务。HRG 面向孵化企业提供信息调研咨询、政策及项目申报咨询、品牌推广、品牌设计等服务。

六是品牌和设计服务。通过品牌塑造、品牌设计等方式提升孵化企业的品牌形象,结合孵化企业自身实际制订个性化品牌方案,为孵化企业塑造良好品牌形象。

4. HRG 的实体业务

集团以市场为导向,先后成立智慧工厂、工业机器人、服务机器人、特种机器人事业部,同时设立了新兴智能装备、机器人实业开发等事业部。

智慧工厂事业部:致力于解决生产制造类企业车间数字化、工厂智能化的问题。主要面向生产线、整车间的自动化、智能化改造提供整体解决方案。在食药生产、汽车和3C、仓储物流分拣、家电装配、金属制品加工、锂电化成和成组、生物活性物质分离纯化等方向开展业务。

工业机器人事业部:面向工业领域提供机器人本体和单工位自动化解决方案,致力于解放人、让劳动者更高效、更舒适、更安全,提供更经济、更稳定、更可靠的产品。特别面向脏、累、险的工作岗位开展机器换人业务。主要产品有焊接、锻压、冲压、喷涂、去毛刺、打磨、复合材料卷绕成型,以及工业机器人本体、核心零部件的研发和生产。

服务机器人事业部:关注社会民生,致力于人的幸福生活。包括服务机器人的研发、生产、贸易,产品面向教育、娱乐、养老、助残、康复、餐饮、迎宾、家庭服务等相关产品。同时,开展服务机器人基础零部件、人工智能的相关技术和产品的研发和生产。

特种机器人事业部:面向特殊行业和特种需求提供技术服务、产品装备、系统集成以及整体解决方案。特种机器人产品主要面向特殊、危险或极端环境下的生产作业。结合哈尔滨工业大学的行业积累和国家需求,集中在军民融合领域开展业务。

新兴智能装备事业部：推进创新创业，促进科技成果产业化。以哈尔滨工业大学和哈工大机器人集团为基础，围绕机器人和智能装备领域，建设集团"创新+创业+产业"联动发展的孵化平台，提供研发、加工、装配、调试、检测、生产、贸易、投融资、商务、法务服务，促进项目孵化。

机器人实业开发事业部：为项目落地提供条件支持，促进项目集群发展，为项目落地提供政务协调、生产办公条件、投融资服务，以及项目运营的相关配套服务。

第二节 HRG机器人产业生态圈

在2017年全国大众创业、万众创新活动周开幕之际，李克强总理在批示中首次提出了"培育融合、协同、共享的双创生态环境"的要求。此后，关于双创的生态环境、生态圈的建设得到各级政府的高度重视。HRG基于HIT的科技背景，打造面向机器人产业的全产业链和全要素的资源整合和配置能力，结合平台业务模式，致力于构建机器人产业生态圈。

1. 功能模块：创新平台、创业平台、产业平台

HRG建设的机器人产业生态圈，围绕机器人和智能装备产业整合资源。按照"打通技术逻辑、打通市场逻辑、全面对接资本市场"要求，致力于为入驻孵化的创业项目提供全产业链服务；按照"创新+创业+产业"联动发展的要求，致力于为入驻孵化的创业项目提供全要素服务。HRG机器人产业生态圈由三个业务平台构成：一是创新平台，二是创业平台，三是产业平台。

（1）创新平台：产业技术研究院。

创新平台的基础任务是关键技术和产品的研发，为集团下属企业

提供项目、人才、技术服务,为集团持续发展提供共性技术支持、人才培养、项目培育。

HRG依托哈工大机器人技术与系统国家重点实验室,依托HIT工学多学科综合的技术和人才优势,同时积极与国内行业龙头机构合作,包括沈阳国家智能机器人研究院、重庆国家机器人检测中心等机构,提高在行业资源的对接能力。同时,HRG根据机器人产业专业领域分类及地方产业需求,针对机器人的不同行业方向开展细分领域的产品和技术研究,运营和筹建了多家产业研究院。

HRG的创新平台建设立足全球化,面向全球整合人才、项目、技术资源,形成要素集散中心,面向国内和全球输出成熟项目。目前,除了联合哈工大资源建设的集团中央规划设计研究院外,还结合具体业务方向建设专业研究院,包括合肥工业机器人产业研究院、义乌服务机器人产业研究院、岳阳特种机器人军民融合产业研究院。同时,集团在美国建设了海外产业技术研究院。

(2)创业平台:孵化器。

创业平台的核心业务是服务创业项目的孵化,促进产学研合作和科技成果转化,服务创业团队向商业团队成长。HRG成立以来,用了两年时间探索创业平台。结合国家和地方双创战略的实施,按照打通技术逻辑和市场逻辑的要求,完成了两个重要任务:一是技术向产品的转化,二是产品向商品的转化。所以,创业平台在孵化项目的同时,也要孵化企业家。

HRG突出自身特点:一方面深度联系学校,另一方面紧密结合市场。HIT在机器人领域有深厚积累,HRG应该承担自己的责任和使命,通过打造机器人和智能装备创业平台,积极探索承担行业共性关键技术研发的科研院所整体产业化的新路径。平台建设和中国制造2025、国家双创战略、地方经济发展紧密结合,为孵化项目提供"技术服务、生产服务、市场服务",加快项目转化落地。

HRG的创业平台面向国内外广泛对接项目、人才和技术。同时,积极引进社会创业团队进入孵化体系,形成开放包容的发展局面。

(3)产业平台:产业基地。

产业平台的主要功能是服务项目落地,通过HRG项目孵化和品牌影响集聚项目,促进产业集群发展。产业平台为落地项目提供技术、生产、营销等相关服务,主要包括以下方面:一是企业生产运营服务,包括人资、财务、法务、办公管理等服务;二是政务服务,帮助对接地方政策,协调政府关系,协助手续办理;三是落地条件建设,包括生产办公用房、生产配套条件,以及项目投融资服务等。通过项目集中落地和集群发展,实现人才集中、项目集聚、抱团取暖。

HRG建设的产业平台,除了区域布局的产业基地外,另外一个重要方面是HRG产业联盟。通过股权结合和业务结合,在一些特定领域形成协同发展,打通产业链的关键环节,在关键技术和关键产品、生产配套、市场联合等方面开展合作,共同提高行业竞争能力。这个平台包括一些跟HRG紧密合作的上市公司,当HRG的创业公司发展到一定阶段,或者鼓励项目独立上市,或者鼓励由HRG的上市公司并购整合。通过业务和资本市场的联动,实现双赢发展。

2. 全链条服务:"创新+创业+产业"联动发展

HRG的生态圈构成了"创新+创业+产业"联动发展的多功能综合体。严格地说,HRG不是传统意义上的企业,集团的产出不只是产品、技术或项目,集团把学校研究和市场需求结合起来,按照"创新+创业+产业"联动要求,打通技术通道和市场通道,全面对接资本市场,把技术转化为产品,把产品转化为商品,源源不断地把机器人和智能装备的项目和团队引进孵化,促进产业集群,获得规模效应和集聚效应。

HRG的产业生态圈致力于"创新+创业+产业"联动,把"项目从哪里来?项目如何孵化?项目到哪里去?"等三个问题统筹起来协同解决,努力打通从技术到市场的业务链条:一是通过创新平台有效整合创新要素和资源,通过相关创新要素的聚集、交流和共享,提高技术向产品转化的效率,降低成本,缩短周期。二是通过创业平台服务项目孵化,提供集生产、投融资和市场的综合服务,打造全过程的创业支持,促进产品向商品的转化,创业团队向商业团队转化。三是通过产业平台,聚焦主导产业建设产业基地,整合有关配套资源,形成具备规模效应和集聚效应的产业环境,为地方打造产业增长点。

3. 全要素服务:技术服务、生产服务、市场服务

HRG 通过整合和协同相关资源要素,努力建设和完善创新创业的产业生态,提供涵盖创业全流程全要素的技术服务、生产服务、市场服务。

技术服务的功能是促进核心技术向产品转化。产品核心技术提供了产品的基本功能,但不是构成产品的充分条件。要形成完善的产品,还需要包括机械、电子电气、自动化、软件、工业工程、材料、工艺等关联技术支持,需要研发试制检测的便利条件。为此,集团平台提供了以下技术服务:技术咨询、工业设计、加工中心、检测中心、装配调试中心,同时帮助对接天使风险投资机构提供投融资服务。

生产服务的功能是促进产品实现批量生产,帮助创业团队向商业团队转化。主要包括以下服务:生产物业服务,包括场地、水电气配套等;人力资源配套服务;原材料、零部件加工和配套服务;生产过程的投融资服务等。集团有合作的律师事务所、会计师事务所提供法务和财务服务。

市场服务的功能是促进产品向商品转化,为创业项目提供市场渠道支持、营销金融支持、品牌支持。主要包括以下服务:品牌策划和营销策划服务,市场客户对接和销售渠道对接,销售金融服务如融资租赁、产品展示和商贸平台服务等。

集团建设的技术服务、生产服务、市场服务主要特点是打通技术

创新渠道、市场营销渠道,同时全面对接资本市场,是全流程、全方位的服务体系。

4. 关于建设HRG机器人产业生态圈的思考

HRG作为一个平台化的公司,通过平台整合资源、营造发展环境,这个环境就是产业发展的生态。笔者认为企业平台化是产业组织方式变革的发展趋势。对我们营造全链条和全要素的服务环境,笔者称之为产业生态圈。生态圈的好处在哪里?为什么一定要建生态圈?笔者有以下思考。

第一个思考:互联网让产业组织方式进入"小企业为王"的时代。不少互联网企业是小企业为王的代表,几人、几十人的公司就有可能调动大量产业资源,比肩以前几千甚至上万人的企业。例如一个美团能让众多中介公司倒闭,一个唯品会给众多大型商超带来冲击。制造业也是这样,互联网让资源共享更容易,合作更便捷。一个企业只要掌握核心环节,剩下部分很容易实现有效配置。经过三十多年的发展,中国的制造资源已经非常丰富了,制造型企业不一定要亲自从事制造,也可以只做研发,加工可以外包,甚至销售都可以外包。社会的分工和合作越来越精细,企业能够在细分领域形成竞争优势就可以获得发展机会。

第二个思考:机器人行业的特殊性需要"单点和整体"联动。与机器人技术先进的国家相比,国内企业在零部件、本体、系统集成、软件方面都存在较大差距。对一个企业来说,从哪个角度切入? 在哪个点实现突破? 都涉及系列关联问题。机器人产业发展需要从国家层面组织,集中行业优势资源实现关键问题和共性技术的突破。国家政策需要系统设计,推动全产业链联动,包括关键零部件、本体、系统集成等。例如:国家补贴零部件供应商,但是还要考虑本体企业购买零部件,进一步还要考虑系统集成商购买本体。可见,国家政策要解决一个链条的问题,为此,构建产业链的利益共同体十分重要。在 HRG 有关键零部件、本体、系统集成的完整业务链条,基于共同利益,HRG 把链条上的业务统筹起来实现共同发展。针对机器人行业的特殊性,建设利益互联的生态圈,可以把单点和整体发展结合起来。

第三个思考:突出 HRG 的优势。HRG 做产业生态圈具有特殊优势:第一,HRG 依托哈尔滨工业大学有足够的资源支撑,包括人才、技术、项目,以及品牌号召力。第二,有效的商业模式,核心是盈利模式。HRG 作为产业型公司,承担了大量的孵化任务,企业孵化的股权投资收益成为集团的重要收益。HRG 创立三年来,成为一个既从事制造业,又从事创业的企业。HRG 通过大平台的建设,以平台经济为模型,找到了更多活下来的办法。

HRG 机器人产业生态圈聚焦机器人和智能装备开展业务,按照成熟度,包括研究机构、初创型公司、成长公司、上市公司,这些公司分布在行业的上游、中游和下游。同时在智慧工厂、工业机器人、服务机器人、特种机器人等多个领域开展业务,互相关联,互为补充,形成了一个全产业链、多业务领域的事业共同体。

5. 全球化发展理念:聚天下力,争世界先

企业创立的初心与定位是支持企业发展的内在动力,无论是科技工作者对推动科技发展的抱负,还是基于企业的社会责任,HRG 始终坚持"打造一批全球领先的产品,一支全球领先的队伍,一个全球领先的模式"的信念,促进创新、创业、产业的联动发展,积极推进机器人领域的科技成果转化,推进机器人领域项目孵化,服务地方经济转型发展。

发展机器人产业要放眼全球。为此,HRG 提出"聚天下力,争世界先"的发展理念,发挥自身特殊优势建设机器人产业生态圈,基于平台汇聚全球的人才、技术和资源,努力打造一流的机器人品牌,实现国

际竞争优势,建设一个全球化的机器人产业集团。

美国、日本、欧洲是机器人发展较早的地区,有良好的研发基础、产业基础,是机器人创新研究、创业项目的优质发源地。HRG 在这些地方设立办事处,及时把握全球机器人行业的最新市场信息,与前沿创新保持同步。此外,HRG 也积极与海外投资公司、大学、初创企业保持互动,为集团把握机器人行业前沿、进行海外合作、收购项目,以及技术引进提供支持。HRG 在北美建立了旧金山创新中心,还计划建设波士顿创新结构研究院和硅谷人工智能研究院,将优质人才、技术纳入 HRG 体系,面向国内和全球输出成熟项目。

第三节　HRG 孵化案例

HRG 成立以来,通过承接 HIT 资源,按照"打通技术逻辑、打通市场逻辑,全面对接资本市场"的要求,促进"创新+创业+产业"联动发展,逐步构建和完善了全链条和全要素的服务体系,面向全球整合资源,提出了"聚天下力,争世界先"的发展理念,努力构建 HRG 机器人产业生态圈。经过近三年的发展,在 HRG 平台下集聚和孵化机器人和智能装备项目四十余个。这些项目包括技术成果孵化项目、引进创业项目,以及主动进入 HRG 生态圈的成熟项目。以下是几个 HRG 孵化的案例。

1. 江苏哈工药机科技股份有限公司

江苏哈工药机科技股份有限公司(简称哈工药机)于 2012 年在江苏张家港成立,创立初期只有 10 名员工,租赁了学校的一个地下室办公。经过 5 年的发展,哈工药机已经在食药装备领域打下了一片自己的天地。成立之初,团队依靠哈尔滨工业大学的智力资源,发挥学校非标设备开发能力强的优势,在传统中医药领域寻求突破,并发力于贵细中药服用及装备制造行业。中药生产尤其是以阿胶、虫草等为代表的贵细中药产品在我国拥有悠久的服用和生产历史，尤其是在国民养生保健意识不断提升的今天，贵细中药产品市场需求日益增大。与紧缺的市场需求形成鲜明对比的是落后的生产装备水平，基本还停留在古法研制的手工和半自动模式，其装备水平与国内其他行业比较存在着较大差距，如可以将贵细中药的生产水平提升到自动化甚至智能化程度，不仅公司可以在智能装备制造领域独辟蹊径，更能影响并改变整个贵细中药及其衍生品行业的生产现状。

明确了业务方向，但问题十分复杂，原因在于该行业工艺较一般中药生产工艺复杂，而且很多工艺参数及指标仅存在于口传心授，没有量化的规范标准，同时之前无人涉足，没有可以借鉴的技术及经验，想要实现自动化、智能化难度很大。为了攻克这个难题，2011年哈工大精细工艺研究所成立，经过研发团队一年的不断尝试与努力，适用于阿胶及虫草的贵细中药加工设备问世，但研究团队并不满足，贵细中药生产装备制造才是对团队技术能力的真正挑战。

在研发贵细中药服用设备的过程中，创业团队结识了东阿阿胶，并于2012年与东阿阿胶共同组建了国家胶类中药工程技术研究中心自动化实验室，攻克了胶类中药熬制过程中杂质自滤难题，产出了适用于胶类中药及其他类型熬制产品的表面自动去沫、除杂、过滤的全自动提沫机，改变了传统开放式熬制、工人手动去沫的生产方式。在这一过程中，创业团队积累了杂质处理关键技术，并逐渐深入到核心工艺环节，为公司业务发展打下了坚实基础。

经过近两年的市场积累，2012年12月，哈工药机在张家港完成了公司注册，并于次年3月正式揭牌。公司运营以来，始终将主要的力量集中在研发和市场环节，生产主要外委，制造人员占比很低。这是知识密集型组织与传统制造企业的不同，尽量降低人力成本。为了研发贵细中药装备技术，团队在东阿阿胶现场驻扎近两年，完整理解了胶类中药生产的17个大工序，百余项工艺指标，实现了传统工艺的标准化和数字化。经过不懈努力,企业在贵细中药服用及装备制造领域积累了包括表面除杂、硬质中药粉碎、微波熬制、印字烘干等核心技术,建成了我国第一间胶类中药及其衍生品自动化工厂,与东阿阿胶、福胶、太极羲皇阿胶、东汝阿胶、山东宏济堂等阿胶生产企业建立了合作关系。项目获得江苏省高新技术产品奖励,哈工药机也在贵细中药加工和装备制造领域打开局面,在该行业形成了领先的技术优势。

2014年12月,HRG在哈尔滨成立,同年哈工药机正式加入HRG,成为其子公司。顺应发展形势,哈工药机站在了产业发展的新高度,借助HRG产业生态圈的力量,哈工药机的业务也从单一贵细中药装备制造拓展到西药产品、中药饮片、原料药后包装、生物活性物质提取、视觉检测、农业配肥、仓储物流等领域。形成了以智能医药、仓储物流、一般工业三个方向为核心的发展格局,积累了一批核心技术及配套产品,并于2015年10月通过江苏省高新技术企业认证。通过HRG产业生态圈的服务,哈工药机获得了技术、人才、生产、市场、资本等多方面的条件支持,实现了业务的高速发展。

2. 哈工大特种机器人公司

长期以来,"军民融合,寓军于民"就得到高度重视,特别是近年来,军民融合更是上升为国家战略。基于哈尔滨工业大学的业务特点,在HRG成立了特种机器人方向。在国家大形势和产业需求的拉动下,特种机器人获得了巨大的发展空间,借助HRG提供的发展平台,特种机器人事业部于2015年3月成立,承接HIT传统优势,借助HRG营造的机器人产业生态圈,聚焦特种领域开展业务。

哈工大特种机器人公司成立之初,创业团队的核心人员大部分来自航天系统,也带来了"特别能战斗"的航天文化。团队成员素质过硬,技术和业务方面有丰富经验,在有一技之长的同时,航天文化还强调"善于协作,勇于担当"。这都为特种机器人公司的业务发展提供了文化支持。

在运营方面,特种机器人公司充分发挥HRG的平台优势,按照"小企业为王"的运营思路,聚焦关键环节,充分整合外部协作资源,抓核心技术,抓市场渠道,迅速拓展业务。通过开放布局,特种机器人公司与技术研发、生产制造、工程施工等领域的业务伙伴建立了广泛合作。经过两年的布局,基本形成了成熟的协作体系,建立起了强大的科研体系与产业优势,形成了以北京为中心,岳阳为业务基地,联动天津、西安、广州、安徽、沈阳等多个产业基地的发展格局。

面临众多机会,特种机器人公司明确了业务选择条件:一是市场容量足够大,二是细分领域足够强,三是预期收益足够好,四是成长性足够远。在具体操作上,强调项目的市场和技术论证,选择高附加值、高竞争门槛的环节,主要是核心技术、核心产品、核心软件,以及市场品牌;其余业务外协,留给合作供应商完成。

特种机器人公司经过两年多的发展,在HRG机器人产业生态圈的支持下,发展迅速,业务初具规模,积累了系列相互支撑的核心技术,在行业内有了一席之地。已建立了5大类、10多款覆盖海、陆、空的产品体系,如爬壁机器人、侦查排爆机器人、特种无人机、安防机器人、工程机器人等。在智能制造领域,先后立足提升行业生产效率和加工制造水平,提供具有国际领先水平的机器人产品、自动化成套装备及生产制造智能化整体解决方案,是集设计、开发、制造、售前售后一体化的高科技企业。主要服务涵盖航天、航空、核电、船舶、兵器等军工行业,主营产品涵盖喷涂、装配、钻铆、焊接、冲压、仓储等自动化设备。

3. 江苏哈工海渡工业机器人有限公司

江苏哈工海渡工业机器人有限公司(简称哈工海渡)成立于2015年8月,是HRG旗下唯一一家专注于工业机器人教育装备与教学体系建设的子公司。创始人张明文 2010 年毕业于哈工大机器人研究所。张明文毕业后曾先后就职于国企和外资企业,在机器人领域积累了 10 余年的研发及行业应用经验。针对当前中国机器人产业人才缺乏的现状,公司专注于工业机器人教学业务。

公司面向培训业务设立了海渡学院,开发出一系列贴近工业应用和教学需求的工业机器人教学装备,具有自主化、多元化、国际化优势。结合教学体系与国内多家院校合作,联合培养机器人专业人才,提供工业机器人专业与实训室建设、人才培养方案和课程教材开发、师资培训与提高等全方位的整体解决方案。

2017 年,公司联合哈工大、上海 ABB 工程有限公司、上海发那科机器人有限公司、南京埃斯顿自动化股份有限公司、埃夫特智能装备股份有限公司等单位,编著了工业机器人技术"十三五"规划教材,包括 10 大系列、共计 70 余套教材与课程。教材获得中国机器人之父——中国工程院院士蔡鹤皋,中国科学院院士韩杰才两位院士的推荐。课程内容以理论基础为支撑,紧密结合工业案例,重视实操教学,真正满足企业人才需求,致力于培养一线技术人员。哈工海渡也成为国内唯一能提供整套工业机器人专业课程所需培养方案、教材、设备教学体系的培训平台。

2017 年 1 月,工业和信息化部教育与考试中心授权哈工海渡为全国工业和信息化人才培养基地,公司申报的"工业机器人应用工程师"职业技术课程正式纳入全国工业和信息化部人才培养工程课程体系。同时,公司作为国内首家"工业机器人应用工程师"培训认证机构,可组织开展课程培训与考核认证。学员通过海渡学院 APP 线上培训,完成学习任务后,可在线进行模拟考试并无缝对接线下实操考核,通过考核者,授予工信部教育与考试中心颁发的"工业机器人应用工程师"职业技术证书。学员资料统一纳入全国工业和信息化人才资源数据库,学员信息全网可查,终身有效。

"哈工海渡机器人学院"已正式投入培训工作,在深圳、合肥、重庆、长沙、扬州的分院已相继投入运营,海渡学院"一个总部、多个分院、近百所教学培训与考核中心联动运营、辐射全国"的工业机器人教育产业链已经基本形成。

因为专注,所以专业。哈工海渡获得了市场认可,作为成立仅两年的公司就入选了"2017 中国品牌影响力 100 强",并成为唯一一家机器人教育领域上榜的企业,一同上榜的有阿里巴巴、腾讯、百度、华为、小米、海尔等知名品牌。同时,哈工海渡还摘得"2017 中国创新力(行业)十大领军品牌",哈工海渡总经理、哈工海渡机器人学院院长张明文荣膺"2017 中国品牌影响力(行业)十大领袖"。此外,哈工海渡已入围教育部在线教育研究中心 2017 在线教育十强评定,参加 2017 年 11 月在北京的颁奖仪式。截至 2017 年 9 月,哈工海渡拥有专利 43 项、高新技术产品认证 3 项、软件著作权 5 项、著作权 3 项。哈工海渡将会在中国机器人教育领域继续发挥更大的作用。

4. 哈尔滨天愈康复医疗机器人有限公司

杨炽夫,哈尔滨天愈康复医疗机器人有限公司的创始人,一位喜欢中医的工学博士,在美国最知名的康复机器人实验室工作的 80 后,一直有自己的创业梦想。受国内大好创业环境的感召,他放弃了在美国参与人才计划拿绿卡的机会,在 HRG 的平台孵化下,2015 年,杨炽夫成立哈尔滨天愈康复医疗机器人有限公司。

企业不同于学校,做产品不是写文章。从技术到产品,是创业的一次质的飞跃。杨炽夫基于自己十余年的技术积累,在团队的共同奋斗下,经过 200 多天努力,第一款具有划时代意义的"颈椎康复机器人"开发成功,该产品解决了颈部侧向作用等行业痛点,成为市场唯一具有此功能的产品。而天愈开发的全球首例智能骨科康复(含术后和损伤康复)机器人设备还有:Robnek 智能颈椎康复机器人系统、Roblub 智能腰椎康复机器人系统、Robjon 智能多关节牵引康复机器人系统。

其中，Robnek智能颈椎康复机器人系统具有多项市场唯一的功能，取得了领先的行业地位。

从临床需求到技术实现、从专利到样机、从图纸到供应链，再到2016年世界机器人大会上博得排队体验的广泛关注，天愈人经历了一个不平凡的企业元年。截至2016年年底，公司已申请和待提交国家发明专利116余项，系列化高端、智能、精准康复机器人产品和智能医养护理机器人产品获康复医学领域专家的高度认可。2015年至2016年，除颈椎康复机器人，陆续研发出民用智能护理床、医用智能护理床、脊柱康复机器人和多关节康复机器人等康复、养老领域的高科技产品。其中，智能护理床由于不受医疗器械注册证限制，已于2016年开始销售。

借助HRG的产业平台，天愈团队快速从技术团队向商业团队转化，建立了企业的研发中心、生产基地、营销平台。通过消费者需求研究、缜密的行业及竞争产品分析，公司启动了市场布局和渠道建设，为下一步的行业爆发做好准备。

同时，公司紧跟时代脉搏，抓住新生业态的新机遇。随着大健康概念成为风口，以健康为主题的介于医疗和保健之间的健康消费业态逐渐涌现。2017年初，公司有计划地展开相关新目标市场的营销布局，将部分产品适当嵌入各种类型的健康调理机构，获得新的发展机会。目前已与深圳一家健康连锁机构达成战略合作，可预见的规模化市场将在2018年陆续呈现。

大健康作为大市场，将在未来为机器人健康产品提供机会。相信杨炽夫和他的天愈康复医疗机器人有限公司将会在新的风口迎来一轮飞起来的机会，实现他在大健康领域的创业梦想。

结束语　任重道远

从提笔至今,历时过半年,仿佛将十几年的创业之路重走一遍,曾经的人和事犹如儿时的夜空,繁星点点,若隐若现,很是不舍。回头审视全书的内容,按照一开始定下的要求,努力做到内容有针对性、操作上接地气、立场上客观。本书来自于自己和 HRG 团队创新创业的实践和探索,也是创业行进到一个阶段的总结和反思。

一些看过初稿的科学家朋友调侃本书打击了他们的创业信心,一笑之后惊觉真有可能,转念一想觉得这也许是件好事。那些缺乏创业常识、对创业困难估计严重不足的人,真要开始创业,其结果也可想而知,倒不如安心做好自己的科研工作。如果真是这样,倒是功德一件。但真有创业决心的人,也不会止步于这些困难,或者因为看到本书,可以早点做好准备,少走一点弯路,更是善莫大焉。

实际上,书里虽不断提醒科技人员要认识到科学家成长为企业家的艰难,却并不意味着我反对科技人员创业,恰恰相反,我是科技人员创业的坚定支持者。一方面,因为科技资源过于集中在体制内的科研机构里,导致企业界人才供应不足,国家大力推进的传统企业转型升级因人才问题而进展乏力。另一方面,尽管科技人员直面市场竞争时在很多方面存在不足,但是他们身上的比较优势也很突出:一是良好的教育经历培养出来的良好认知能力,二是科研工作中养成的精益求精的工作习惯,三是国际化的视野。所以我认为,即使体制内出来创业的科技人员成长为优秀企业家的人可能并不会多,但这为数不多的高端创业者却会是中国制造业崛起的重要力量。

为避免闭门造车,落笔前曾在一些科研机构内做过一些调研,初稿出来以后也征求了一些科技工作者的意见,大家的积极反馈坚定了我让本书尽快面世的决心,也让我深深感到科技人员的创业指导和服务工作任重道远。

近期,计划在HRG内部组建一个机器人领域的创业培训机构,取名繁星学院,旨在为HRG内部初入创业大门的体制内科技人员提供一些培训和服务,每期也有些对外开放的内容,感兴趣的朋友可以搜索微信公众号"哈工大机器人集团"参与。

营造良好的创业氛围,促进创新创业,需要更多的人一起努力。笔者作为体制内的科技人员和创业人员,虽任重道远,但义不容辞。真心希望这本书能给大家带来一些有用的参考,也欢迎大家交流探讨。同时,对本书难免存在的不足、不准确甚至不正确的地方,敬请批评指正。邮件可以发到 wangfeihrg@126.com。

王飞

2017年11月22日,于哈尔滨

谨以此书送给一直坚定支持我创业的妻子,我的人生合伙人——陈佳莹女士。